O Dom de uma Vida

Pe. Ferdinando Mancilio, C.Ss.R.

O Dom de uma Vida

Conhecendo e rezando com o servo de Deus
Pe. Vítor Coelho de Almeida

EDITORA
SANTUÁRIO

DIRETOR EDITORIAL:
Marcelo C. Araújo

REVISÃO:
Leila Cristina Dinis Fernandes

COORDENAÇÃO EDITORIAL:
Ana Lúcia de Castro Leite

DIAGRAMAÇÃO E CAPA:
Junior Santos

COPIDESQUE:
Marcelo C. Araújo

Dados Internacionais de Catalogação na Publicação (CIP)
(Câmara Brasileira do Livro, SP, Brasil)

Mancilio, Ferdinando
O dom de uma vida: conhecendo e rezando com o servo de Deus, Pe. Vítor Coelho de Almeida / Ferdinando Mancilio. - Aparecida, SP: Editora Santuário, 2012.

ISBN 978-85-369-0255-5

1. Almeida, Vítor Coelho de, 1899-1987 2. Sacerdotes - Brasil – Biografia 3. Vida religiosa I. Título.

12-01200   CDD-922.2

Índices para catálogo sistemático:
1. Padres

Todos os direitos reservados à EDITORA SANTUÁRIO – 2012

Composição, em sistema CTcP, impressão e acabamento:
EDITORA SANTUÁRIO - Rua Padre Claro Monteiro, 342
Fone: (12) 3104-2000 — 12570-000 — Aparecida-SP.

Apresentação

Temos, bem perto de nós, a vida de um servo de Deus, que trabalhou incessantemente em favor do Reino, até momentos antes de sua morte, até o dia anterior.

A ideia de relembrar muitas coisas da vida de Pe. Vítor nasceu na ocasião em que se tratava, no Santuário Nacional, sobre a inauguração do Centro de Eventos, que terá seu nome: Centro de Eventos Pe. Vítor Coelho de Almeida. Dentre os encaminhamentos necessários para tal intento, pensou-se em tecer algumas considerações sobre sua vida e suas palavras.

Uma vez aprovada a ideia, buscaram-se os arquivos necessários que possibilitassem o projeto. Desse intento nasceram as reflexões que se seguem.

Há ainda muitas coisas a serem exploradas e até mesmo resgatadas. Pe. Vítor é um homem interessante! É de uma riqueza muito grande o que escreveu; o que falou e o que foi possível resgatar de sua vida. Não se pode deixar de valorizar alguém que, mesmo depois de bom tempo de sua morte, ainda continua admirado pelo povo.

No Memorial Redentorista vemos pessoas idosas e jovens visitando o túmulo que guarda seus restos mortais. Ele é, de fato, um homem venerado, principalmente pelo povo simples, a quem sempre dirigiu suas palavras. O que aqui se apresenta é, na verdade, apenas um lampejo da grandiosidade de uma vida dedicada à causa do Reino de Deus.

Nosso desejo é que este escrito nos faça compreender a ação de um homem de Deus e também nos motive a trilhar o caminho do bem, o caminho de Jesus.

I

BREVE BIOGRAFIA DE PE. VÍTOR COELHO DE ALMEIDA

Padre Vítor Coelho nasceu em Sacramento, Minas Gerais, no dia 22 de setembro de 1899. Eram seus pais Leão Coelho de Almeida e Maria Sebastiana Alves Moreira.

Seu pai era um homem descrente e não tinha boa formação religiosa. Fez estudos em Paris, e as ideias iluministas não o ajudaram na fé. Sua mãe era mais piedosa e cheia de ternura. Mas Vítor perdeu sua mãe ainda muito jovem, vítima da tuberculose, quando ele tinha apenas oito anos de idade.

Passou momentos complicados com a saúde, na infância e na juventude. A tuberculose também o ameaçou em 1921 durante seus estudos na Alemanha e, em 1941, quando, durante sete anos, ficou internado no Sanatório da Divina Providência em Campos do Jordão.

Quando ficou órfão, a avó não deu conta de educar o Vítor por causa de suas molecagens. Seu pai entregou-o a seu primo, Cônego Victor Coelho de Almeida, que era pároco em Bangu, no Rio de Janeiro-RJ. Ele também, não conseguindo educar aquele menino rebelde, colocou-o em 1911 no Colégio de Santo Afonso, em Aparecida. Interessante que seu pai, ao saber desse fato, voltou a ser mais religioso, pois havia feito uma promessa a Nossa Senhora para que seu filho entrasse em um colégio religioso.

Vítor não queria ser padre. Mas a ideia foi nascendo aos poucos no Colégio de Santo Afonso, hoje Seminário Santo Afonso. Isto ele mesmo confessa em suas palavras e escritos.

Em 1917 recebeu o hábito redentorista, fazendo os votos religiosos em 1918. Iniciou os estudos superiores em Aparecida, mas em 1920 viajou para a Alemanha, onde continuou seus estudos. Lá também foi ordenado sacerdote, em Gars, no dia 5 de agosto de 1923, voltando para o Brasil no ano seguinte.

Trabalhou nas Missões Redentoristas e na Rádio Aparecida. Nesta e no Santuário de Nossa Senhora Aparecida, por mais de 36 anos anunciou com ardor missionário o evangelho de Jesus. Catequese, Sagrada Escritura, Doutrina Social da Igreja e orientações básicas de saúde eram seus assuntos prediletos.

Seu espírito era impulsivo, mas também humilde, pois muitas vezes em público pediu perdão de suas falhas, defeitos e atitudes. Costumava dizer uma verdade muito bonita: "*Sou filho da misericórdia de Deus, ele me tirou do lodo, de lá de baixo, para me colocar bem alto na vocação de sacerdote*".

Seu amor por Nossa Senhora Aparecida é incontestável e ainda agora, tantos anos depois de sua morte, isso se confirma pelo testemunho dos que o conheceram ou tiveram contato com os escritos e as gravações que deixou. O povo o assediava continuamente, e ele estava sempre disposto a tirar uma foto com os romeiros.

Morreu na graça de Deus, no dia 21 de julho de 1987.

REZANDO COM A VIDA DO SERVO DE DEUS, PE. VÍTOR COELHO

1. VIDA ABENÇOADA![1]

"O Senhor bom e clemente alimentou os que o temem, e deixou-nos a lembrança de suas grandes maravilhas."

O título já evoca a vida de um santo. Mas sabemos que não há santo que nasça pronto. É preciso empenho, investimento pessoal, para se alcançar a santidade. A vida de Pe. Vítor foi mesmo abençoada! Sua história pessoal confirma isso. Ele deixou escritas em suas memórias experiências que mostram o quanto teve de trabalhar seus hábitos, seu interior, para formar-se como homem inteiro.

---

[1] Todas as fotos que aqui seguem são de autores desconhecidos.

Sua infância foi conturbada como ele mesmo afirma ao escrever:

"Em Uberabinha, morre minha mãe. Vítor tinha então sete ou oito anos. Tendo o pai deixado mais tarde a cadeira de professor na cidade para lecionar na fazenda de Douradinho (a cinco ou seis léguas de Uberabinha), levou consigo o filho. Meses depois, este deixava seu pai para morar (em 1910) em Conquista com a avó. Adoeceu gravemente com febre violenta que por quase quatro dias lhe pôs a vida em risco. Dois meses mais ou menos bastaram para seu restabelecimento. Pouco depois, fins de 1910, foi levado por seu primo, Cônego Victor, para Bangu, onde esteve cerca de meio ano, isto é, até ser levado para o Juvenato (Seminário de Santo Afonso de Aparecida), a quatro de abril de 1911. Sua educação religiosa foi insuficiente, pois até sua entrada no Seminário ignorava o catecismo. Sua educação moral não deixou menos a desejar, pois sendo de um natural leviano, perdeu aos seis anos (de fato oito e pouco) por doença da mãe a vigilância materna. A avó, por ser idosa, substituiu deficientemente a vigilância materna. Vítor esteve a sós com o pai por um ano, em Uberabinha, sem outra pessoa que cuidasse dos afazeres domésticos e zelasse pelo rapaz. O resultado foi que o menino se tornou a cruz de seu pai e da avó, os quais não sabiam como corrigi-lo. É claro que ao comportamento correspondia a reputação

e todos o tinham por malcriado e mau menino. E de fato não sorria o futuro do rapaz, pois o pai (só) não o podia educar, muito menos a avó. Meios para o pôr em colégio não havia. Foi então que o Cônego Victor o tomou consigo. Depois de algum tempo, porém, ameaçava de não se encarregar mais dele".[2]

Pe. Vítor, ao entrar no Seminário Santo Afonso, fez uma redescoberta de sua vida. Aproveitou a chance que Deus lhe deu. Nós, às vezes, não nos esquecemos de nossas amarguras e as carregamos anos a fio. Mas para Deus as coisas são diferentes! Ele sempre nos dá a chance de estabelecer novo laço de amizade!

A expressão muito usada por Vítor em suas pregações era: "*Somos filhos da misericórdia divina*". Não há dúvida de que ele reconhece em sua própria vida a mão divina do Senhor. Por isso, em suas catequeses não fazia uma reflexão puramente acadêmica, mas sim aquela que ele próprio havia experimentado em sua vida.

Os olhos extasiados do povo ficavam sempre admirar sua pessoa. De seu coração sempre brotava algo que lhe tocava a vida, como a força teo-

---

[2] Todas as citações foram retiradas das obras: BRUSTOLONI, Pe. Júlio. *Vida de Pe. Vítor Coelho*. 6ª ed. Editora Santuário, 2008. Vide também MOREIRA, Pe. César. *Lembranças do Pe. Vítor na Rádio Aparecida*. 4ª ed. Editora Santuário, 1988.

lógica e confortadora da frase por ele cunhada: "*Somos filhos da misericórdia divina*". O sucesso do pregador não está na força das frases bem elaboradas, mas na experiência vivida em Deus, relatada em frases mais ou menos elaboradas. O fundamental é transmitir a vida. Em nossos dias os belos discursos enfeitam, mas será que atingem o coração do povo? O povo aceita se toda pregação estiver carregada de vida, de experiência vivida. Teologia é importante e necessária, mas para o povo deve ser dita de modo simples como prática de vida e não simples teoria.

Vítor reconhece que sua entrada no Seminário Menor foi a hora de Deus para sua vida. Ali pôde perceber o outro lado da existência humana com seus valores intransferíveis, e por isso adentrou um rumo novo. Vislumbrou um novo jeito de ser. Mas tudo isso em uma criança ainda? Quem pode saber quando se dará a hora de Deus? Onde Deus age e encontra acolhida sua ação, tudo se transforma.

VAMOS REZAR:

— Como a chuva e a neve descem do céu,
— venha, Senhor, sobre nós sua graça e sua bênção!

— Como Pe. Vítor abriu-se à ação de Deus,
— **podemos também fazer a mesma experiência de amor!**
— Quando os ventos do mundo sopram mais fortes que nossa resistência,
— **só podemos contar com aquele que nos amou primeiro!**
— A graça divina é força invencível,
— **quem a ela se opõe é um louco!**
— Quem apoia a vida sobre si mesmo,
— **nunca será capaz de sustentar-se!**
— A graça de Deus é o caminho,
— **que nos conduz à santidade! Amém!**

ORAÇÃO: Senhor meu Deus, vós que sois o Deus de ternura e de compaixão, de força suave e invencível, conduzi-me nos caminhos desta vida, abri meus olhos para que eu reconheça o quanto preciso da vossa graça para alcançar a santidade. Agradeço-vos o exemplo de vida de vosso servo Pe. Vítor Coelho de Almeida, que vos descobriu em vosso amor e jamais desistiu de vos amar e de vos anunciar. Por Cristo, nosso Senhor. Amém.

2. DEUS TEM SEUS CAMINHOS!

"*Que beleza e esplendor são os seus feitos! Sua justiça permanece eternamente*" (Sl 110).

Os santos viveram entre nós ou ainda vivem. Não são seres extraterrestres. Vivem as vicissitudes da condição humana. Porém, sabem trabalhar as situações adversas que se apresentam e nos dão testemunho de uma vida madura, na fé e na humanidade. A busca de Deus e da perfeição, ou da santidade, vai acontecendo quando se tem abertura de coração para Deus e para a própria história pessoal.

Pe. Vítor foi colocado no Seminário não porque manifestasse algum interesse ou porque tivesse sinais de vocação para a vida sacerdotal e consagrada. Não! Ele foi colocado no Seminário Santo Afonso porque seu tio, o Cônego Victor, quis livrar-se dele, por causa de suas rebeldias, e também para ver se ali, no Colégio Santo Afonso, Vítor encontrava uma direção para sua vida. Ele não tinha muita vocação para a subordinação.

Mas como Deus tem seus caminhos, aparece outro homem de Deus, que vai acolher o "Vitinho" com generosidade: o missionário redentorista Pe. João Batista Kiermeier.

Nele não havia nenhuma inclinação natural para o ministério sacerdotal. Ele mesmo deixa escrito que *"sob a vigilância dos superiores, cercado de bons companheiros, instruindo-se na religião, é claro que* (Vítor) *se foi transformando"*. Fala de si mesmo como se estivesse falando de outro.

Interessante que essa atitude foi transformando também sua família, a começar por seu pai, Sr. Leão. Homem culto, mas pouco afinado com a fé cristã.

É preciso entrever nas palavras a ação de Deus. E isto não foi diferente com Vítor, em sua trajetória missionária. Homem inteligente vai descobrindo o caminho de Deus em sua vida. Em seu *Curriculum Vitae*, duas semanas antes da tomada do hábito redentorista, em julho de 1917, escreve:

"*Igualmente o desejo de ser redentorista brotou aos poucos em seu coração. Nos começos quase que o desânimo o fez deixar o redil. Mas, passada esta primeira tempestade, foram-se firmando sua aspiração e resolução de ser religioso. Atravessou por vezes fortes tentações contra a vocação. Nessas ocasiões, para não dar passo em falso, recorria a Nossa Senhora, punha em suas mãos a vocação, e tudo passava. No mais, passaram-se os seis anos de vida ordinária de juvenista (seminarista), deixando alguma coisa a desejar no comportamento e aplicação. A 14 de julho de 1917, chegou ao Noviciado de Perdões. Nossa Senhora que tão misericordiosamente se dignou – talvez em desproporcional recompensa da devoção que Vítor sempre lhe dedicou – de levá-lo do mau ao bom caminho, que Ela o ajude a despojar-se completamente do 'homem velho' e, vestido do novo, perseverar até o fim*".

Nesse seu escrito aparece claramente seu amor para com Nossa Senhora, o que vai confirmar-se definitivamente em sua vida sacerdotal, dizendo que Nossa Senhora o conduziu neste caminho – *do mau ao bom caminho* – para que se despojasse do homem velho e revestisse da nova criatura. Nota-se o esforço pessoal em reconhecer a ação de Deus e como ele vai abraçando esse novo projeto de vida oferecido por Deus, e que ele não desperdiça.

Há nessa atitude de Vítor um exemplo a ser seguido. Cabe-nos observar como Deus vai agindo por dentro de nossa vida. Deus age gratuitamente, por amor, só por amor. Deus sabe somente amar, e Ele nos transforma. Por isso, nosso esforço deve ser sempre buscar a gratuidade divina, e, ao nos colocar inteiramente em suas mãos, deixar que Ele aja conforme sua vontade. Descobrir e redescobrir a vontade de Deus na vida é o que deve fazer cada religioso ou cristão.

VAMOS REZAR:

— Ajudai-me, Senhor, a descobrir em minha vida a vossa vontade,
— **para que eu a cumpra com generosidade!**
— Despertai-me para vos servir com amor
— **e fazer de minha vida uma oferenda!**
— Sei que Vós me falais através dos acontecimentos,
— **por isso quero estar sempre atento a eles!**
— Vosso amor é como a chuva e a neve,
— **não passam por mim sem deixar seus sinais!**
— Quero descobrir o que hoje estais a pedir de mim,
— **para que amanhã eu esteja feliz, cumprindo vossa vontade!**

— Ó Senhor, não vos canseis de nos amar,
— nem nos deixeis desamparados!
— Agradeço, Senhor, a vida que me destes,
— quero vivê-la com alegria! Amém!

OREMOS: Agradeço, Senhor, terdes colocado tão perto de nós vosso servo Pe. Vítor Coelho de Almeida. Ele foi transformando sua vida, porque compreendeu vossos desígnios. Por vossa graça, ajudai-me também a cumprir vossa vontade. Conto com essa graça que agora vos peço cheio de confiança, por Cristo, nosso Senhor. Amém.

3. "ÉS SACERDOTE PARA SEMPRE!"

"Dai graças ao Senhor ao som da harpa, na lira de dez cordas celebrai-o. Cantai para o Senhor um canto novo, com arte sustentai a louvação" (Sl 32).

O sacerdócio ministerial é uma dádiva da bondade divina. Cristo instituiu o sacerdócio para que fosse um serviço autêntico do Reino. Colocar-se a serviço do Reino é de uma grandiosidade que não se pode medir, pois é pura graça divina. Desde sua instituição pelo próprio Jesus na Quinta-feira Santa, a Igreja considera-o como dádiva e ao mesmo tempo como um tesouro a descobrir.

A grandeza do sacerdócio está no serviço feito com amor em favor do povo, em favor do Reino. Todo cristão deve despertar para esse ministério sacerdotal, favorecendo, incentivando e animando aqueles que o desejam ou que já o abraçaram. Essa dádiva divina é de responsabilidade de todos os cristãos.

Pe. Vítor manifesta grande estima pelo sacerdócio. Escreve com detalhes impressionantes o dia de sua ordenação, em carta a sua irmã, *Irmã Veriana*, religiosa do Bom Pastor. Era agosto do ano de 1923, em Gars, Alemanha.

"*Como escrevi-lhe no cartão-postal, fui ordenado no dia 5 de agosto e celebrei minha primeira missa no dia 12 do mesmo. Senti muito que meus queridos lá da América não me pudessem acompanhar em espírito naqueles grandes dias, mas a data só pôde ser fixada quando já era tarde para participar.*

Sua Ema. o Cardeal Faulhaber devia chegar no dia 4, pela tarde, e este foi um dia de movimento em toda a casa porque os confrades estavam enfeitando tudo com bandeiras e grinaldas. Pelas 6h saiu toda a comunidade a receber Sua Ema. que chegava da estação e a conduzi-lo em procissão à igreja.

Para o jantar não comparecemos, os ordinandos, à mesa, porque estávamos de silêncio, mas passamos o resto da tarde entregues a nossos pensamentos, até que veio sobre nós a última noite antes de sermos sacerdotes para toda a eternidade."

Sacerdote para toda a eternidade. Só uma alma mergulhada em Deus busca o essencial. A preocupação não era com as festas e aparatos, mas com o tornar-se sacerdote. Esse é o motivo básico que orientou a vida de Vítor. Longe de casa, da família e dos amigos próximos, lá está mergulhado na realidade em que iria assumir. Ele continua a retratar o momento de sua opção pela causa do Reino:

"Pode imaginar a mistura de sentimentos que me assaltaram a alma ao despertar na manhã inolvidável: A alegria, porém, era o sol que aclarava tudo e tornava róseos mesmo os rochedos mais escabrosos de algum movimento de temor ou semelhante. Pelas 7h30 paramentamo-nos como 'é de estilo', vestindo todos os ornatos, menos a casula, e fomos nos unir à comunidade, que já formada em procissão estava à espera de Sua Ema. Logo que o cardeal apareceu, o cortejo se pôs em movimento para a igreja, que estava repleta. O que se seguiu é mais fácil sentir do que descrever: de certo já assistiu a uma ordenação; é por isso que omito aqui a narração do que se passou na igreja. Seria dar o morto pelo vivo, pois as cerimônias da ordenação escritas

em papel são como um pálido cadáver destituído daquela plenitude de vida, sem os sentimentos e os afetos que empolgam tanto os ordinandos como os assistentes".

Pe. Vítor vai descrevendo seus sentimentos de alma sem negligenciar a realidade que o cerca. Quem ama valoriza o que faz, e por isso o momento de sua ordenação é exaltado. Ele tem consciência do que significa esse momento. Que os sacerdotes não se esqueçam da grandeza e da beleza do dia em que foram ordenados.

Afirma também que *"na Baviera é costume que os neossacerdotes passem alguns dias sem celebrar para então subir ao altar e cantar sua primeira missa. No dia 10 de agosto, às 5h da tarde, eu desembarcava na estação da cidade de Forchheim, na Francônia, para dois dias depois celebrar minha primeira missa".*

Podemos imaginar a alegria de sua irmã, Irmã Veriana. Vítor vai fazendo com que ela mergulhe no mesmo sentimento dele, afinal de contas são irmãos e têm o mesmo desejo de servir ao Senhor generosamente:

"A procissão já está formada em longa linha, mas todos os olhos se acham voltados para aquela porta, na qual, por fim, aparece o jovem sacerdote revestido

de sobrepeliz e estola; pálido de emoção ele ouve as poesias que duas pequenitas, entre outras dez vestidas de branco, recitam-lhe com voz infantil. Depois o préstito se põe em marcha. As pequenas semeiam flores, os sacerdotes entoam o Magnificat, os instrumentos se fazem ouvir, enquanto lá da colina troveja continuamente o morteiro...

Mas na alma do primiciante se passa uma cena análoga. Lá se agitam milhares de sentimentos, lá se ouvem os hinos mais diversos, desde o reboar profundo do miserere até as notas mais vibrantes do Magnificat, também verde de esperança 'abobadado' pelo céu imenso de uma paz indizível".

E o ser humano jocoso de Vítor ainda diz: "*Durante os 20 dias que passei entre os francos, tive de rir-me ao ouvir observações simplórias como esta: 'S. Reverendo, como é isso, o senhor é tão branco quanto nós'.*

Esta carta dirigida à Irmã Veriana mostra-nos o calor humano e a profundidade da fé que estavam presentes em Pe. Vítor. Nota-se aonde chegou o menino rebelde e incontrolável, agora sacerdote para sempre. Ele nos dá provas de sua alegria ao receber esse dom de Deus, o sacerdócio. Compreendendo suas palavras sempre cheias de entusiasmo, certamente nos provocam positivamente a nos entusiasmar, a nos encantar com o dom e com a missão sacerdotal.

VAMOS REZAR:

— Agradecemos, Senhor, o dom precioso do sacerdócio,
— que vosso Filho Jesus instituiu entre nós!
— Ajudai-nos a redescobrir cada dia o dom do serviço,
— e que façamos vosso Reino acontecer entre nós!
— Não são poucos os que vos entregam a vida,
— mas ainda não são suficientes para as necessidades de vosso povo!
— Por isso, nós vos suplicamos, como vosso povo no deserto,
— que haja corações generosos para vos servir!
— Despertai-nos para a grandeza do dom sacerdotal,
— e que os sacerdotes sejam conscientes de sua missão!
— Agradecemos, Senhor, aqueles que vos entregam a vida,
— e por vossa graça concedei-lhes a misericórdia e a santificação! Amém!

OREMOS: Ó Senhor, nosso Deus, sustenta-nos em vossa graça, e resplandeça sobre nós vossa face misericordiosa. Como vossa Igreja, suplicamos por todos os sacerdotes para que, caminhando sob vossa luz, tornem-se santos e irrepreensíveis. Ao vosso coração divino apresentamos aqueles que andam tristes, desanimados, e também aqueles que são perseguidos porque vos anunciam com ardor. A todos confortai, porque sois bondade infinita. Por Cristo, nosso Senhor. Amém.

4. A GRAÇA DE DEUS ROMPE BARREIRAS!

"*Seguindo as palavras que dissestes, andei sempre nos caminhos da Aliança. Os meus passos eu firmei na vossa estrada, e por isso os meus pés não vacilaram*" (Sl 16).

Cada um de nós, a seu modo, faz sempre a experiência de Deus. Essa experiência divina atinge o coração humano de tantos modos e maneiras. Por isso vale o adágio popular: "*Quem não descobre Deus no amor, descobre-o na dor!*" Por detrás dessa frase popular está escondida a experiência que podemos fazer de Deus.

A trajetória de vida de Pe. Vítor demonstra como ele foi acolhendo e trabalhando a experiência de Deus. De sua infância até sua idade adulta, por meio de seus escritos e do que ficou gravado, podemos constatar que ele vê a mão de Deus em sua família!

Uma carta sua a seu pai, Leão, um homem pouco afeito às coisas religiosas e que se volta para a religião depois da entrada de Vítor no Seminário Santo Afonso (juvenato), atribuindo isso a uma graça de Nossa Senhora, revela a experiência de Deus na família Coelho de Almeida. Já experimentado nas coisas de Deus, Vítor pôde dizer outras tantas coisas a seu pai.

Pe. Vítor estava internado em Campos do Jordão, curando-se de sua tuberculose. Era o ano de 1947. Começa dizendo:

"Embora muito carregado de correspondência, mando ao senhor a primeira cartinha que não é cartão. O que mais desejo ao papai é a suma felicidade da união com o nosso Redentor, no perdão, na graça, no progresso espiritual e na paz.

Eu desejara muito que estas férias nos reunissem para desafogo dos nossos afetos e santas alegrias. Deus não quer ainda. O José diz que o senhor é um 'São Francisco de bigodes'. O característico de São Francisco é amar tanto a Deus, que já não sobre lugar para as coisas que valem dinheiro, nem mesmo as viagens de Minas a Campos do Jordão".

Pe. Vítor deixa transparecer sempre em seus escritos o gosto legítimo pelo humano e, ao mesmo tempo, pelas coisas de Deus: "*O José diz que o senhor é um São Francisco de bigodes!*" Conjugam-se humano e divino, feito uma aliança. Nesse sentido, conta na mesma carta dirigida a seu pai um fato ocorrido no Natal:

"O Natal passado nas 'Pedras Negras' ficou-me na memória pelo detalhe de ter a mamãe posto nos meus sapatos os seus próprios brincos. Fiquei satisfeito e, embora eles voltassem para o seu legítimo lugar, eu sempre os apontava como 'os meus brincos da mamãe' e assim passei a festa sem outro presente".

Porém, antes disso, ele diz: "*Estejamos, pois, contentes rogando a Jesus que seja ele a nossa riqueza*".
Mesmo falando com seu pai, não deixa de lembrar-se de sua mãe, por quem nos parece que tinha grande veneração. Transparece esse gosto da lembrança da história vivida e dos laços dos acontecimentos familiares:

"Mamãe era reta e boa mãe, mas sem muita instrução religiosa. O senhor ainda não era o papai religioso de hoje. O José e eu éramos dois ratinhos para quem o mundo parecia um grande e gostoso queijo mais dos outros do que nosso, mas em que ferrávamos os dentes à medida do possível. No ano seguinte, mamãe já partira para a eternidade..."

E na consideração para com seu pai, não deixa de manifestar a profundidade de sua fé. Ao terminar a carta dirigida a seu pai, diz-lhe: *"Agora, papai, um grande abraço. Deus o abrace com o carinho infinito e poderoso da graça! Abençoe o seu Vitinho"*.

Como são grandes e sublimes, ternas e profundas suas palavras, ao encerrar sua carta. *"Deus o abrace com o carinho infinito e poderoso da graça"*. Sabia que o que havia acontecido com seu pai, sua conversão, só podia ser fruto da graça e da misericórdia de Deus. Não há outro caminho, pois ninguém muda coisa alguma por si mesmo.

Certamente temos sempre o que aprender com aqueles que mergulham na eternidade e na misericórdia de Deus. Eles sabem ler os acontecimentos à sua volta, como sabem também penetrar a história da vida, da família e ver ali a mão divina. A razão pode achar-se onipotente, mas o silêncio da graça é mais forte que a sabedoria humana. É preciso compreender em nossos dias e em nossas vidas os sinais de Deus. A graça divina tem sempre a força invencível do amor!

VAMOS REZAR:

— Agradeço, Senhor, a paciência que tendes conosco,
— **dando-nos o tempo necessário para vos encontrar!**

— Quero ver, sentir e acolher vossa presença amiga e bondosa,

— e descobrir-vos nos fatos e acontecimentos que me cercam!

— Quero que a razão que me destes me ajude a vos amar mais,

— sempre antes e acima das criaturas!

— Bendito seja o Senhor, que nos criou por amor

— e por amor vai transformando os corações mais endurecidos!

— Feliz quem o acolhe em sua existência e se deixa por Ele conduzir,

— pois será como a planta à beira do riacho: frondosa e verdejante! Amém!

OREMOS: Sim, meu Deus, quero amar-vos sempre e sem fingimento algum. Quero amar-vos de todo o meu coração. Vós sempre me acolheis, mesmo com as tantas precariedades humanas que carrego comigo. Um dia vou libertar-me, pois sei que vossa graça é mais forte que a morte, mais firme que a rocha, e nada poderá vencê-la. Vossa graça é vossa misericórdia a me amparar, conduzindo-me nesta vida até o dia em que poderei contemplar-vos face a face. Nesta confiança e nesta esperança, quero viver. Por Cristo, nosso Senhor. Amém

5. A HORA DA MISERICÓRDIA!

"Demos graças a Deus Pai onipotente, que nos chama a partilhar, na sua luz, da herança a seus santos reservada" (Cl 12).

A palavra misericórdia, como também seu amor incontestável à Santíssima Trindade, estavam sempre presentes no *falar* e no *redigir* de Pe. Vítor. Essa comunhão de amor presente na Santíssima Trindade, compreendida como misericórdia infinita de Deus para com seu povo, era o fio condutor de suas pregações e catequeses.

Vítor é um homem que não tem medo de assumir seu estado de vida. Em uma carta a sua irmã Mariazinha, em 27 de novembro de 1974, diz:

"Você não imagina como as semanas passam vertiginosas quando a gente fica velho. Durmo bastante. Às madrugadas fico muitas vezes conversando com Deus. Velho, nos salmos, medita de madrugada. Vejo a misericórdia de Deus em minha vida… A virtude da esperança é chamada de virtude árdua. A grande luta do espírito para se manter na esperança…".

Não se sabe o que as pessoas escrevem quando respondem cartas. Mas é certo que, normalmente, nelas colocam seus sentimentos. Por isso é sempre possível compreender o que se passa por dentro da alma humana. As palavras vão sempre revelar o que se passa no interior do ser humano.

Falar da intimidade com Deus, de seu amor, de sua misericórdia, é despertar no coração das pessoas o gosto pelas coisas de Deus. A palavra tem força, atinge e penetra a vida, dá sentido, dá rumo a ser seguido.

A primeira preocupação do Pe. Vítor é estar na intimidade de Deus e assim se preparar para sua missão. Ele foi também um homem de muita leitura, por isso sabia o que ia dizer ao povo.

"Há cinco turnos de confissões por dia etc. Eu tenho de ruminar meus programas de rádio. A gente não apro-

veita nem a décima parte do que lê e estuda. Tenho meu mundo de orquídeas e jardim todo plantado em latas de miniárvores... e passarinhos: um pintassilgo, uma patativa, um vira e um azulão. Muito mais bonitinhos são os filhinhos dos romeiros. Adoro a criançada e gosto de falar com os pequeninos. Tirar retratos com os romeiros leva muitas voltas dos ponteiros. Não sei se nesse Brasil haverá quem gaste tanta chapa de fotografia."

Quem tomasse esse trecho de sua carta de modo displicente diria: "*O que há de interessante nisso? Começa a falar de anúncio de Deus e volta-se para coisas corriqueiras!*". A grandeza de sua espiritualidade está exatamente em relacionar-se com as pessoas e com outras criaturas de Deus. Fala de orquídeas, de passarinhos, mas também das crianças e de seu relacionamento com os romeiros de Nossa Senhora. Espiritualidade que não percebe os mais simples gestos de amor, até mesmo com a própria natureza, é de se perguntar se é amor verdadeiro, autêntico, equilibrado. Vítor tem seus impulsos, mas sabe aonde quer chegar. Não foge da realidade que o cerca.

É próprio do místico não negar a realidade. Místico que prescinde das coisas que o cercam não é verdadeiro. É fácil compreender isso a partir deste outro trecho da mesma carta:

"*O grande acontecimento é sempre a missa. Quanto mais velho, mais compreendo o insondável desse acontecimento diário. Não deixo um dia sem a via-sacra... Fora do litúrgico temos o dever de fazer oração pelo menos uma hora por dia, tudo por tudo. Meus passeios são as idas à Santa Casa, para ver como Deus reserva para o fim as melhores flechas da sua misericórdia. Não há uma ida que não represente uma colheita que faz a gente sorrir. Viagens grandes são para o Clube (dos Sócios) e para a Rádio".*

Vítor está mergulhado nas coisas de Deus, e por isso ir à Santa Casa ou à Rádio é para manifestar sua confiança na misericórdia. Sabe que por meio da palavra, do gesto e da presença torna visível a misericórdia divina. Não é arriscado dizer que ele é um místico sem perder as noções básicas da vida. Não fala de negócios, empreendimentos e projetos, mas do Deus que se aproxima das pessoas com seu amor misericordioso: *"Deus reserva para o fim as melhores flechas da sua misericórdia!".*

Nossos tempos são marcados pela eficiência, pela produção, pelos resultados. E até mesmo na Igreja corremos esse risco. Se não estivermos atentos, o essencial fica esquecido e passamos a dar ênfase ao acidental, ao passageiro. A vida continua a exigir escolhas certas, e esta é responsabilidade nossa. A hora da misericórdia cabe em qualquer lugar e em qualquer tempo.

VAMOS REZAR:

— Ó copiosa redenção,
— Deus amor, Deus perdão!
— Ó bendita salvação,
— Deus amor, Deus perdão!
— Ó bendita encarnação,
— Deus amor, Deus perdão!
— Ó bendita misericórdia,
— Deus amor, Deus perdão!
— Ó bendito Santo entre nós,
— Jesus Cristo, Deus amor, Deus perdão!
— Fazei-nos verdadeiros irmãos vossos, e seja nosso coração
— pleno de bondade e de misericórdia, de caridade e de perdão! Amém!

OREMOS: Sim, meu Deus, eu vos prefiro a tudo. Perdoai minhas fragilidades, minhas incoerências, pois, por este caminho traçado por mim, eu vos causo desgosto e tristeza. Mas eu confio em vossa misericórdia, muito maior que minhas faltas e as do mundo inteiro. Quero, Senhor, de hoje em diante, ser como um beija-flor que outra coisa não sabe senão contemplar a beleza de vossa criação. Vós me criastes por amor, e no amor quero viver para sempre. Por Cristo, nosso Senhor. Amém.

6. TELEVISÃO: UM SONHO ANTIGO!

"*Vossa palavra é uma luz para os meus passos, é uma lâmpada luzente em meu caminho*" (Sl 118,105).

A comunicação em nossos dias faz-se mais do que necessária, e é exigente. Mas é um esforço que faz bem. Cumpre a palavra sagrada que diz que é preciso proclamar o evangelho de cima dos telhados (cf. Lc 12,3).

Após o grande esforço de ampliar as ondas da Rádio Aparecida e até chegar à TV Aparecida, hoje não podemos desconsiderar as percepções outrora concebidas. Pe. Vítor já atinava para esse intento. E para comprovar isso, conserva-se uma das muitas cartas suas ao Superior Provincial, na qual se dão os primeiros lampejos do que hoje vemos realizado: a TV Aparecida. Começa dirigindo-se ao Superior Provincial nestes termos:

"Enquanto espero 'as coisas que hão de vir', fui jantar com o Sr. Cardeal e, conversa vai, conversa vem, aproveitei ocasião para expor a S. Ema. a realidade de estar o governo, atualmente, oferecendo 90 canais de televisão para fins educacionais. Fiz ver que já tinha colocado Dom Macedo a par dessa realidade, mas que, sem pretender saltar por sobre o mesmo, levava a S. Ema. o conhecimento de que parecia estarmos nós católicos indiferentes perante tal responsabilidade".

A percepção do futuro é deveras considerável. Reconhece a oportunidade surgida e trata logo de chamar a atenção dos responsáveis. Noventa canais de televisão. Imagina o que isso significa? A carta é datada de 21 de outubro de 1965. Esse era um período bastante conturbado, pois eram os militares que administravam o Brasil, desde a Revolução de 1964. Claro que nessas circunstâncias haveria grandes exigências, mas era uma oportunidade que surgia.

E continua em sua carta:

"Falei de Aparecida como concretamente responsável, caso os canais venham a cair em mãos alheias à causa

católica, uma vez que este Arcebispado tem possibilidade de montar uma televisão. Tal e tal e etc. o desfecho da conversa foi: O Cardeal pede a V. Revma. que venha conversar com ele sobre o assunto. Está resolvido a dar por escrito a V. Revma. garantia de que a Basílica e o Arcebispado se colocarão como substrato e garantia, caso V. Revma. queira empreender a realização de emissora de televisão no sentido mencionado. Tendo assim cumprido um dever, peço a bênção de V. Revma".

Pe. Vítor não é apenas um interlocutor entre o bispo, o cardeal e o provincial. Quer a televisão como um meio explícito de evangelização. Por isso, diz: *"Falei de Aparecida como concretamente responsável, caso os canais venham a cair em mãos alheias à causa católica..."*. A quem concretamente ele está se referindo só podemos imaginar. Mas é interessante notar que afirma categoricamente que *"este Arcebispado tem possibilidade de montar uma televisão"*. Pe. Vítor pensa grande, percebe aonde pode chegar com suas iniciativas. A exposição de uma ideia sempre causa debates. Vê a real possibilidade de se instalar uma TV em Aparecida, juntamente com a Rádio. No final da carta há uma nota em que faz uma bela cobrança ao Superior Provincial:

"V. Revma. certamente se lembra de que me prometeu que levaria a sério tal empresa caso S. Ema. o

Sr. Cardeal lhe viesse a dar 'por escrito' as garantias supramencionadas. Eu o disse ao Cardeal".

A ideia fermentada na alma é manifestada nas palavras. E temos de reconhecer que nas entrelinhas Vítor manifesta sua opinião favorável em favor da televisão. Morreu sem ver concretizar seu desejo, mas dezoito anos após sua morte nascia a TV Aparecida. Será que lá no céu, estando pertinho de Nossa Senhora, não ficou pedindo-lhe por esta obra magnífica, para que seja meio esplêndido de evangelização? Acho que não dá para duvidar, pois certamente tudo o que é a favor do Reino é aprovado por Deus.

Depois da Rádio Aparecida, não há dúvida de que no coração do Pe. Vítor estava o desejo de ver o Santuário da Senhora Aparecida evangelizando pela TV. Quanto à comunicação, teve sim uma visão bastante ampla. Pelos meios de Comunicação aumenta-se o número de apóstolos em nosso tempo, pois se pode anunciar com maior penetração o Evangelho de Jesus.

VAMOS REZAR:

— Ó Trindade Santa,
— **comunhão eterna de amor!**
— Despertai-nos hoje para o anúncio da verdade de Cristo,

— **para que ela atinja o coração do homem e da mulher!**
— Fortalecei nosso encanto com as coisas divinas,
— **e que renasça em nós a comunicação da paz!**
— Queremos que a comunicação tão necessária
— **promova a comunhão entre pessoas, povos e nações!**
— Na força do amor ajudai-nos a superar as barreiras da divisão,
— **para que experimentemos sem cessar a força da fraternidade!**
— Ó Trindade Santa, comunhão eterna de amor,
— **inspirai nossa comunicação para a edificação da justiça do Reino! Amém!**

OREMOS: Deus Amor infinito, que vos dais a nós em comunhão criadora, sois o Deus da partilha que não aprova a ganância e o egoísmo. Sois a vida em plenitude, manifestada a nós em vosso Filho Jesus. Ensinai-nos a escutar o clamor das pessoas e a compreender o drama dos deserdados desta terra. Inspirai-nos a proclamar do mais alto dos céus, e não somente dos telhados, que sois o Deus da vida, da partilha, da invencível esperança e da paz. Ajudai-nos a trilhar pelos meios de comunicação as veredas de vosso Reino. Por Cristo, nosso Senhor. Amém.

7. PERSEVERAR NO AMOR!

"O Senhor é o pastor que me conduz, não me falta coisa alguma. Pelos prados e campinas verdejantes ele me leva a descansar" (Sl 22).

As alocuções de Pe. Vítor eram sempre carregadas de sentido bíblico-moral. Sempre explorava uma temática que levasse o povo a colocar a vida em confronto com a verdade divina. Refletindo sobre o Evangelho de João diz:

"Para guardar os mandamentos e, assim, perseverar no amor do Pai, cumpre renunciarmos ao amor do mundo. Não há meio termo: 'A amizade do mundo', dizia S. Tiago, 'é inimizade com Deus' (Tg

4,4). O cristão não pode amar o mundo. 'Nem o que está no mundo', acrescenta S. João. Isto é o que faz que o mundo seja pernicioso: seu espírito perigoso".

Suas observações entre a amizade com o mundo e amizade com Deus tiram do povo certos antagonismos. Elevava a dignidade das criaturas, mostrando que o jeito dos filhos de Deus é diferente do jeito do mundo.

"Um pleonasmo enfático. Tal é o antagonismo entre o espírito do mundo e o amor de Deus, que se pode dizer que os dois não podem estar juntos. Nem o amor do Pai ao justo nem o amor do justo ao Pai se enquadram com o amor do mundo. É preferível entender-se, aqui, 'amor do Pai' como sendo o amor do Pai a nós."

Pe. Vítor compreendia que a misericórdia do Pai passava pelo amor, e por isso dizia sempre que *somos filhos da misericórdia divina*, ou filhos do amor, que tem o mesmo sentido.

Em sua teologia baseada na essencialidade das coisas, volta-se também para a dimensão moral da vida. Por isso, toma três aspectos que chama de seduções do mundo e reflete sobre eles. Neles estão as decisões pessoais, e por isso chama de perigosos esses aspectos.

"As seduções do mundo podem dividir-se em três categorias, correspondentes às três concupiscências do homem:
– Da epithymía': desejos, mais do que prazeres gozados.
– Da carne: quer dizer, baseados na satisfação do corpo. Não são desejos por si maus, mas que podem levar ao mal, pela desordem. Não só luxúria, mas embriaguez, gula, cobiça de bens materiais, conforto etc. Divertimentos e emoções fortes...
– Dos olhos: Os perigos que nos advêm pelas janelas da alma que são os olhos. Estes são chamados, pelo rabino, de 'proxenetas do mal' caixeiros viajantes).
Olhos no sentido vasto são os 'olhos' da fantasia e da inteligência. Não se atinge só o perigo sexual, mas também os da cobiça, ambição avareza etc."

Nessa catequese termina falando sobre o fasto[3] da vida, enquanto um fim em si mesmo e que afasta a pessoa de Deus. É a presunção da riqueza enquanto quer ser senhora do mundo.

"O FASTO DA VIDA ('αλεξονειατουβιου'): visa a vaidade vulgar, a ostentação, o luxo. Amar mais a aparência que a realidade e a verdade. (Pre-

---

[3] Segundo o Dicionário Michaelis, Fasto: fausto, feliz, próspero, ostentação, pompa, luxo, magnificência.

sunção de riqueza.) Por metonímia,[4] *pode-se empregar vida em lugar de riqueza."*

Vivemos em um mundo pluralista e também autossuficiente. Despertar para o respeito a Deus é uma exigência, mesmo diante da pluralidade de atitudes e de ideias. É certo que o respeito a Deus significa respeito ao irmão. A pluralidade há de nos ensinar a respeitar as diferenças. A verdade de Cristo não está sujeita às instabilidades do mundo, mas projeta sua luz sobre elas.

A linguagem que Pe. Vítor usava era clara para seus ouvintes e atingia o coração das pessoas. Nesse sentido coloca-nos uma questão: Até onde nossas palavras atingem as pessoas como força que edifica suas vidas?

VAMOS REZAR:

— A luz do amor de Deus por nós
— ilumina-nos e guia-nos nesta vida!
— Por amor, o sim de Deus fez o céu e a terra,
— e o sim de Maria mudou a história do mundo!

---

[4] Quando se usa uma coisa no lugar da outra, alterando seu sentido. Cf. Dicionário Aulete.

— Deus veio morar entre nós,
— porque quem ama quer estar sempre perto!
— Sua presença é sempre afável, alegre e contagiante,
— e não há felicidade maior que estar perto de Deus!
— Por isso, Senhor, levai para longe de nós os desejos
— que não correspondem a vossa santa vontade!
— Esperamos que vosso amor e vossa misericórdia
— toquem profundamente o coração de vossos filhos e filhas! Amém!

OREMOS: Senhor Deus, vosso Filho Jesus Cristo deu-nos um programa de vida tão bonito. Nele encontramos vosso amor e a dignidade que nos destes com a filiação divina. Sabemos que o mundo também nos oferece seus projetos, que querem nos seduzir. Não negamos o mundo e as pessoas criados por vós, mas não aprovamos nem queremos suas seduções, suas ideias, que nos afastam de vós. Por isso, Senhor, por vosso Espírito, conduzi-nos sempre no caminho de vosso amor. Por Cristo, nosso Senhor. Amém.

8. AMOR E MUNDO!

"Não são discursos nem frases ou palavras, nem são vozes que possam ser ouvidas; seu som ressoa e se espalha em toda a terra, chega aos confins do universo a sua voz" (Sl 18).

Há uma preocupação latente em Pe. Vítor que é formar a pessoa nos princípios do Evangelho para que, vivendo em comunhão com Deus, seja feliz e viva na liberdade. Mostra como se pode viver numa ilusão, querendo amar o mundo, ou melhor, as ideias que são propagadas e que nos podem frustrar e amargurar.

Parece que ele andava preocupado com o comportamento moral, com as atitudes diante das coisas do mundo e que podem afastar-nos de Deus. Quando fala do motivo para não se amar o mundo, refere-se explicitamente a um trecho da Carta de Paulo aos Coríntios, que diz: "*Isto eu vos digo: o tempo se tornou curto. Então, daqui em diante, os que têm esposa vivam como se não a tivessem; os que choram como se não chorassem; os que se alegram, como se não se alegrassem; os que compram, como se não possuíssem; os que usam deste mundo, como se não o usufruíssem. Porque passa a figura deste mundo*" (1Cor 7,29-31).

Os escritos de São Paulo falam exatamente da situação da pessoa no mundo, em vista da parusia, da iminência da volta de Cristo. O Concílio Vaticano II afirma: "*Passa a figura deste mundo, deformada pelo pecado, mas Deus ensina-nos que nos prepara uma nova morada e uma nova terra onde habita a justiça*". Busca-se um resgate da própria pessoa na sua dignidade. E o que diz nosso interlocutor?

"*Outro motivo de não amar o mundo é sua efemeridade. Passa. Não se trata tanto da desilusão que causa, como da perda do breve prazo concedido ao gozador. Veja-se 1Cor 7,29-31. Só Deus fica para sempre. Felizes os que se lhe apegam como ao bem eterno.*"

É muito bonita e autêntica a expressão que Pe. Vítor usa, quase que constantemente, referindo-se ao *Verbo eterno* ou *bem eterno*. Ele tem uma espiritualidade enraizada na Sagrada Escritura e procura transmitir seu conhecimento e sua espiritualidade ao povo. Torna-se, na verdade, uma verdadeira ponte. Daí é que surge tão grande veneração do povo para com sua pessoa. Porque fala das coisas de Deus com profundidade e todos percebem que não é algo apenas da boca para fora, mas algo que parte do coração, de sua própria vivência.

Entre seus escritos ainda encontramos reflexões sobre a ordem moral e a compreensão do compromisso filial.

"Quem quer que tenha essa esperança, fundada Nele, nas suas promessas e em sua obra, deve agir logicamente, transformando a própria vida à imagem do Senhor. 'Ele' quer dizer Jesus, que tomou sobre si nossos pecados. E visto que é puro ('agnós'), justo, sem culpa alguma, também nós devemos fazer todo esforço para nos purificarmos de todo pecado. Esse assemelhar-se moralmente ao Cristo é a legítima purificação cultual do cristianismo. Essa semelhança no terreno moral conforta a confiança na eficaz mediação de Nosso Senhor e nos faz progredir na filiação divina."

Nosso mundo, tão marcado pelo racionalismo, esquece-se de olhar o céu e, por isso, começa a ficar míope em sua existência. Não enxerga nada mais além de si mesmo. Abrir-nos para a verdade eterna é compreender nossa própria existência e realizar-nos como pessoas. Assemelhar-nos a Cristo é nossa vocação humana e cristã.

VAMOS REZAR:

— Senhor, vós tudo fizestes por amor de nós,
— **quem vos ama também é chamado a fazer tudo com amor!**
— Vós nos destes a vida,
— **não há presente maior do que este!**
— Vós fizestes todo o universo, céus, terra e galáxias,
— **e criastes o homem e a mulher à vossa imagem e semelhança!**
— Por isso, Senhor, onde há amor,
— **vós aí estais!**
— Onde há fraternidade,
— **vós aí estais!**
— Onde há comunhão de vida,
— **todos podem sentir vossa presença amorosa! Amém!**

OREMOS: Senhor, vós nos destes a vida, o tempo e o universo inteiro. Fazei-nos, por vossa graça, reconhecer vosso infinito amor para conosco. Que não haja mais amargura na terra por falta de amor. Que não haja mais violência e qualquer tipo de maldade, porque os seres humanos, seguindo vosso Filho, fazem-se solidários e fraternos. Que a vossa justiça reine entre todos os povos e nações. Que toda a humanidade sinta o gosto de viver, conforme vossos desígnios. Por Cristo, nosso Senhor. Amém.

9. AMOR À SAGRADA EUCARISTIA!

"Que Deus nos dê a sua graça e sua bênção, e sua face resplandeça sobre nós! Que na terra se conheça o seu caminho e a sua salvação por entre os povos" (Sl 66).

A Catequese de Pe. Vítor era profunda e simples. Ele sabia dirigir palavras sábias e ao alcance do povo. Tinha esse dom e não deixou de exercê-lo. Colocou em prática o que Deus lhe deu, sendo redentorista aos moldes de Santo Afonso, falando de um jeito que o povo entendesse bem. Isto é dom. É divino. Sabemos da força das palavras, da riqueza de sentido que elas transmitem.

Temos um exemplo, quando Pe. Vítor fala da Eucaristia. A Eucaristia é o sacramento por excelência, pois dela nascem todos os outros sacramentos. Eucaristia é o próprio Jesus, sua vida, sua entrega, seu amor, sua salvação. Pe. Vítor tem uma delicadeza de alma, quando fala da vida divina.

"Hoje vamos falar da Eucaristia, da comunhão, da vida divina que foi dada ao homem, no batismo. Vida Divina, não é a vida natural que se alimenta com comida comum. É a vida sobrenatural que só se conhece pela fé. Mas a vida divina é realidade, como a eletricidade é realidade nos fios. Os fios nos quais corre a eletricidade são iguais aos outros, mas ponha a mão para você ver!"

Nota-se claramente que ele não fica divagando em pensamentos, em exposições teológicas, mas atinge logo o ponto central daquilo que está dizendo. A comparação da *vida divina,* que não se vê, mas está presente, como a energia elétrica presente nos fios, é de fácil e rápido entendimento. Tanto o homem culto como o simples é capaz de entender sem rodeios a mensagem que transmite: a presença da vida divina!

"Assim, Deus não aparece, mas eu sei que ele está em mim pela fé. A vida divina entrou na criança sem ninguém ver, mas está nela. Esta vida divina é comunhão e alimenta. Deus em nós e nós em Deus: um mistério".

Só um coração orgulhoso, carregado de sabedoria humana, presunçoso, não é capaz de entender isso. Mas o coração simples e humilde sabe acolher o que é de Deus. Pe. Vítor manifesta em suas palavras simples e profundas o desejo de que seus ouvintes acolham a vida divina presente em sua vida, que a descubram neste mistério de amor.

"A comunhão em hóstia é, pois, o pão que alimenta em mim a filiação divina. Unido a Cristo, eu me torno filho e Ele diz: 'Como eu vivo, da vida do meu Pai, assim aquele que me aceita e se une a mim vive da minha vida'."

Nele há tamanha facilidade em colocar a palavra de Jesus em outros termos sem ferir a Sagrada Escritura, que é mesmo impossível não entender seu sentido. *"Comungar é acolher a vida divina, é viver a vida de Cristo!"* Da Eucaristia, como gesto divino de amor, passa para a consequência da Eucaristia que é a fraternidade, a vida de amor.

"O pão vivo que desceu do céu alimenta a vida divina e aumenta a união fraterna, porque todos os homens são chamados a ser irmãos de Jesus. Todo mundo é chamado para nascer da vida divina, para entrar no céu. Ninguém pode pertencer ao Reino dos Céus sem possuir essa vida, sem possuir a fraternidade, porque somos irmãos de Jesus que é Filho."

Para Vítor, a comunhão que recebemos no altar não é somente uma responsabilidade pessoal, mas implica na responsabilidade de amor ao irmão. Tenho de amar o outro, viver na fraternidade. É a consequência da vida eucarística. E ainda mais, conduz-me para dentro do Reino de Deus. Dá o sentido de pertença: fazer corpo com o Corpo de Cristo, que é a Cabeça deste corpo.

"A Eucaristia nasce do Amor Eterno e gera amor em nós. O Pai nos amou, pois deu seu Filho. O Filho nos amou, pois reparte sua filiação conosco para sermos irmãos e Ele derrama em nós o seu Espírito Santo, que une o Pai ao Filho, assim também une a nós. Pelo batismo, recebemos em nós o Amor Divino. A Eucaristia sustenta e alimenta o Amor Divino."

Ficamos edificados com esse modo fácil e profundo de falar de mistério tão grande. Temos o que aprender dele. Homem de Deus; mergulhava no mistério do amor de Deus por nós, e nos transmitia com tão grande facilidade essa verdade. Falava de algo que lhe alimentava a alma. Quem se dirige ao povo em nome de Deus deve antes ter tido a experiência desse mesmo Deus em sua vida. Do contrário, todos escutam, mas as palavras não surtem o efeito esperado.

VAMOS REZAR:

— Senhor, que vos fazeis pão vivo
— e nos alimentais com vossa vida divina!
— Redobrai nosso amor por vós
— e também por nossos irmãos e irmãs!
— Concedei-nos, Senhor, vosso perdão,
— pois é impossível vivermos sem vossa misericórdia!
— Vinde, Pão dos Anjos que alimentais nossa alma,
— não nos deixeis perecer em nossa peregrinação neste mundo!
— Despertai nossa existência para o mistério de vosso amor,
— para que vivamos na fraternidade e na alegria de irmãos!
— Guiai-nos, Senhor, pelas sendas de vosso Reino,
— e jamais nos deixeis perecer pela falta de amor! Amém!

OREMOS: Senhor, vós que por nós destes vossa vida e vos fizestes uma oferenda eterna de amor, morrendo na cruz para nossa redenção, preservai em nós vossa graça para que, inspirados por vós, amemos mais a vós e a todos os que nos cercam. Dai-nos a graça de viver vossa vida, para que sejamos divinos. Que vosso mandamento de amor não fique esquecido por nós. Por Cristo, nosso Senhor. Amém.

10. A MORAL E A VIDA CRISTÃ!

"*Ele é a Cabeça da Igreja, que é seu Corpo, é o princípio, o Primogênito entre os mortos, a fim de ter em tudo a primazia*" (Cl 1,18).

Ter moral é ter princípios que ajudam nosso viver e nos firmam na liberdade. É assimilar os valores da vida, do relacionamento entre nós e com Deus. Ter moral é ser como planta cuidada e irrigada, que dá seus frutos. Os princípios morais nos educam, ensinam e edificam como seres humanos.

Pe. Vítor carregava em seu viver o cuidado com a moral e como sempre a ensinava para o povo. Para quê? Para que o povo pudesse compreender a amplidão da vida e não mergulhasse na escravidão da falsa liberdade. Assim, anunciava em suas palavras os princípios norteadores da vida e da dignidade humana.

"Moral não é somente questão do sexto mandamento e do nono: não pecarás contra a castidade e não cobiçarás a mulher do próximo. Isto não é toda a moral, e sim um pedaço da moral. A justiça social também é moral, e a Igreja, então, vendo que o mundo estava esquecendo isso e só olhava para sexo, mulher, dança, moda, chamou a atenção e disse: a moral não é só o que se refere ao sexo, moral é o que se refere também à justiça e principalmente à caridade. Há uma totalização da moral, em vez de ficar olhando só para o sexto mandamento, como a gente fazia com o peru. A gente riscava um risco preto no chão e colocava o bico do peru naquele risco preto e depois largava e o bobo ficava olhando e não saía mais. Então, fica todo mundo só olhando para o sexto mandamento. E só a questão da mulher é a Moral?"

Nota-se como Pe. Vítor vai ampliando a visão da moral para o povo. Assim o povo compreendia muito bem o que ele estava dizendo. Aprendia do jeito certo. Deste modo Pe. Vítor ia formando as pessoas na liberdade humana e cristã. A liberdade em sua profundidade faz-nos andar sempre de cabeça erguida, por sabermos o chão que estamos pisando. Será que em nossos dias nossos líderes estão realmente preocupados em ajudar o povo a compreender os princípios fundamentais da vida? Falamos de tantas coisas, mas temos de nos perguntar se falamos do principal, do essencial. Por isso, é bom ver outros pontos que Pe. Vítor transmitiu para o povo sobre a moral.

"A Moral é tudo. É caridade, é justiça. O salário do operário é questão de moral. Esta é a questão: a Igreja atual ampliou o âmbito, quer dizer, por consideração de toda a moral e não com restrição a alguns pontos de vista. A Igreja fala da moral neste mundo: injustiça, exploração, crimes".

Há uma preocupação com a justiça social, com o respeito à dignidade do ser humano. Na sociedade está o ser humano e como tal deve ser respeitado. Pe. Vítor falava de Deus para os homens e dos homens para Deus.

"Nós somos do céu e céu existe. Se nos batemos pela questão social, é porque a justiça de Deus o exige. Ninguém vai para o céu, se for injusto. A grande luta é sobrenatural, mas se trava no campo natu-

ral... Eu amo tanto os pobres, como os ricos, e quero levar todos para o céu. As preferências são essas: Os pobres precisam muito mais, por isso merecem mais cuidados. A mãe cuida do nenezinho muito mais que de um marmanjão."

É bonito como ele vai passando a ideia da moral, entrelaçando a realidade sobrenatural com a realidade natural. Sua pregação é viva e encarnada. Não fica no mundo das ideias, mas na realidade viva do povo. Faz isso com nobreza e dignidade.

Este modo de proceder na pregação, de usar imagens comparativas e tudo com muita simplicidade, questiona muitas pregações que ouvimos ou fazemos. Temos, na verdade, de travar uma reflexão séria sobre isso para ver se estamos ouvindo ou falando, de fato, o que é essencial. Certo é que o povo deve compreender a mensagem. Compreendê-la para viver bem conforme os princípios cristãos que nascem do Evangelho.

VAMOS REZAR:

— Deus da vida,
— **guiai-nos!**
— Deus de amor,
— **inspirai-nos!**

— Deus da luz,
— iluminai-nos!
— Deus dos pobres,
— guardai-os!
— Amor vivo que inspirastes os santos,
— inspirai também a nós em nossas ações e palavras!
— Vós que nos destes o jeito certo de viver,
— livrai-nos da vida fácil de quem não ama, não respeita nem se doa! Amém!

OREMOS: Senhor, quero ser pobre de coração, para poder sempre vos guardar em minha existência. Quero ser simples para aprender a vos amar mais, pois o coração sábio deste mundo só pensa em si. Quero amar-vos sobre todas as coisas, porque sei que o amor transforma tudo e me faz viver com alegria. Quero as coisas necessárias para viver com dignidade, mas nada além do que me é necessário. Escutai-me, Senhor, nesta prece que vos faço de coração sincero. Por Cristo, nosso Senhor. Amém

11. A DIGNIDADE DA MULHER!

"Elevai-vos, ó Deus, sobre os céus, vossa glória refulja na terra! Sejam livres os vossos amados, vossa mão nos ajude, ouvi-nos!" (Sl 107).

As primeiras páginas da Bíblia relatam a criação do mundo, do homem e da mulher. No silêncio de seu amor, o Pai criou todo o universo e por fim o homem e a mulher à sua imagem e semelhança. Só o amor pode fazer todas as coisas. Só o homem e a mulher podem admirar a beleza da criação de si mesmos e da dos astros, planetas, galáxias. Deus colocou o mundo em nossas mãos, por isso somos responsáveis por ele.

Dentre as muitas alocuções de Pe. Vítor, encontramos uma bela página em que ele fala da criação da mulher com a nobre dignidade humana. Sabemos das situações de escravidão pelas quais passa a mulher. A escravidão hoje toma forma sutil e, às vezes, aparece até com a capa de libertação. É o lobo vestido de cordeiro. Atentar contra a dignidade da mulher, é atentar contra o ato criador de Deus, que lhe deu uma dignidade humana e divina.

O ensinamento catequético de Pe. Vítor sobre a mulher diz ao povo de Deus:

"A bíblia diz que Adão viu todos os animais da terra e lhe pôs os nomes, mas todos eles estavam imensamente abaixo do homem porque lhes faltava o espírito, a alma, a dignidade humana. E faltava muito mais ainda: a graça santificante que Deus deu a Adão. Graça santificante é união íntima com Deus, pela vida espiritual. Tudo isso não havia no mundo animal. Então, Deus formou a mulher como parte do homem, de seu coração, de seus ossos, carne de sua carne. Tudo isso é muito bonito, mas o sentido verdadeiro é este: Deus criou a mulher semelhante ao homem, como diz a Bíblia."

Descobrir a dignidade do outro é descobrir a própria dignidade. Deus fez-nos comprometidos uns com os outros e não seres isolados. Mas, numa sociedade marcada pelo prazer e pela posse, a mulher é muitas vezes tida como objeto. Deus chama-nos para a vida e para o relacionamento sincero de uns com os outros. Então não cabe justificar qualquer outra atitude que gere escravidão ou peque contra a dignidade humana.

"Deus pensou: 'Não é bom que o homem fique sozinho'. E o Senhor Deus fez a mulher e a colocou ao lado do homem, porque a mulher não é como os animais. Ela é como o homem, igual em natureza e dignidade, ela também é espírito, é pessoa, é liberdade e responsabilidade. A mulher recebeu a vida divina, a graça santificante, como Adão também recebeu. Ela não é escrava, não é inferior, mas em tudo igual, semelhante ao homem."

Fomos criados para uma relação profunda de amor, de respeito, de entrelaçamento de vida e de responsabilidade. Fica claro para todos, na reflexão de Pe. Vítor, o quanto Deus nos ama e em quão tamanha dignidade fomos criados. É bom que descubramos essa grandeza tão inerente à nossa existência.

"Como é bonito meditar isto: Deus criou-nos para o amor, Deus nos criou por amor. A família existe como expressão do próprio Deus. Como o Pai e o filho se amam no Espírito Santo, marido e mulher, filhos, povoados, nações, humanidade inteira devem ser a imagem do amor eterno, da família eterna. E Deus abençoou: 'crescei e multiplicai-vos, enchei a terra'.

Que Deus nos ajude a amar-nos, porque justamente o amor é a força da história do mundo. Amai a Deus sobre todas as coisas, amai os irmãos por causa de Deus, o grande mandamento de Deus é este: Amor."

Nossa vida é dom. Somos pessoas chamadas para a vida de comunhão. Eis o caráter do ser humano: ser imagem e semelhança de Deus. Assim Ele nos criou: somos capazes de conhecer Deus e amá-lo. Jesus nos lembrou que quem o conhece, conhece o Pai. Então, podemos aproximar-nos de Deus, aproximando-nos de Jesus, de sua Palavra, o Evangelho. Como é belo este ensinamento de Jesus: quem o conhece, conhece também o Pai. O jeito de Jesus é o jeito de Deus.

Por isso, ser imagem e semelhança de Deus, viver no amor, só é possível se vivermos em relação com o outro. Sem escravidão, nem jogo de interesses, nem busca de benefícios ou prazer. Viver em comunhão com o outro é viver, respeitar, aceitar e amar a comunhão de amor que existe na Santíssima Trindade: Pai, Filho, Espírito Santo. Nela só existe a relação de amor eterno. Somente desse modo é possível compreender a verdade de Deus, de seu amor, e estabelecer em nossa humanidade relações de amor (1Jo 4,16). A catequese de Pe. Vítor passa, portanto, pela relação de amor para a qual homem e mulher foram criados.

VAMOS REZAR:

— Deus que nos fizestes vossa imagem e semelhança,
— despertai-nos para relações de amor verdadeiro!
— Senhor, que destes ao homem e à mulher a mesma dignidade,
— que saibamos respeitar o outro como vossa imagem e semelhança!
— Criai em nós o desejo de relações humanas sem escravidão,
— e todos vivamos na verdadeira liberdade!
— Espantai para longe de nós tudo o que oprime e fere,
— principalmente por causa do egoísmo e da ganância!
— Dai-nos a alegria de ver vossa vontade acontecer entre nós,
— e de nossa parte faremos o possível para que ela se realize!
— Abençoai, ó Deus, o homem e a mulher,
— e vivendo nossa vocação humana, seremos no mundo vossa bênção! Amém!

OREMOS: Senhor, como sois infinito em vosso amor. Como sois bom para conosco. Fizestes de nós vossos filhos e filhas. Por amor nos criastes à vossa imagem e semelhança, para que vivêssemos uma relação de fraternidade, de comunhão, de amor mútuo. Por vossa graça e por vosso Espírito, não nos deixeis sucumbir em nossa existência, e fazei-nos uma bênção para todas as pessoas com as quais nos relacionamos e convivemos. Preservai-nos em nossa vocação filial. Por Cristo, nosso Senhor. Amém

12. O BEM COMUM!

"Tudo isso vós vereis, e os vossos corações de alegria pulsarão; vossos membros, como plantas, tomarão novo vigor" (Is 66,14).

A preocupação com a justiça é fundamentalmente cristã. O recurso necessário para se viver com dignidade é direito fundamental de toda e qualquer pessoa. Negá-lo é pôr-se contrário ao Evangelho e ao ensinamento da Igreja. É desrespeitar o próprio Deus. Pe. Vítor tinha preocupação com o social. Com suas palavras ia formando a consciência do povo quanto a esse direito fundamental.

"Quem se apropria injustamente dos bens prejudica o bem comum, prejudica a todos, é ladrão. É preciso que nós nos apropriemos dos bens, porque nós necessitamos deles sim, e Deus criou tudo para todos. Falando da Nação Brasileira, que Deus criou para os brasileiros, aqui no Brasil a posse da terra brasileira tem que ser feita de um modo justo. Quem se apropria de um modo injusto é ladrão e será condenado por nosso Senhor."

São palavras fortes e conscientes. O direito e a justiça não são palavras que enfeitam os dicionários. Elas incidem diretamente no modo de proceder diante do bem comum. É direito da pátria, direito dos cidadãos. Cidadania é poder participar dos bens da pátria. Não nos pronunciar em favor de uma justiça equitativa é pecado que grita aos céus, ainda mais quando somos cristãos. A justiça é verdade do Reino.

"É preciso haver um governo acima dos particulares para regulamentar a posse dos bens, para que não haja conflito, para que um não pegue tudo para si e deixe os outros sem nada. As leis do país é que devem regulamentar a posse dos bens, de sorte que todos possam adquirir o necessário e útil para um vida digna."

A encíclica de Leão XIII, *Rerum Novarum*,[5] trata exatamente da justiça social, da justiça do trabalho, da dignidade dos trabalhadores. Sabemos que salário justo é o que favorece uma vida digna. Quando a pessoa pode sustentar dignamente a si e sua família. O contrário disso é injusto.

"Caso a nação tenha recurso, quem trabalha deve ganhar tanto que possa sustentar sua família. E se ele não ganhar o suficiente, alguém está se apropriando do que é dele. Alguém está roubando o trabalho dele. Indebitamente alguém está se apropriando dos bens que o trabalho dele produziu. Assim em tudo."

Não é menos pertinente sua reflexão sobre o bem comum e o direito de cidadania. É a prática da justiça social que não pode faltar. O cristão deve tomar consciência disso para ser cristão de verdade.

"O governo tem de cuidar do bem comum e o bem comum está acima do bem particular, de sorte que os governos podem desapropriar os particulares, quando isso for preciso para que todos os particulares universalmente possam usufruir dos bens a que têm direito.

---

[5] Sobre as coisas novas, tratando de questões sociais, sobretudo em relação às condições dos operários. Essa encíclica do Papa Leão XIII foi publicada em maio de 1891.

Para o bem comum, o governo tem até a soberania de desapropriar, mas o governo existe para pôr ordem, entre capital e capital, entre posse e posse, para que ninguém se apose indebitamente de bens, de tal sorte que os outros já não possam ter sequer o necessário."

São questões sérias as que se referem ao bem comum, pois se trata do direito da pessoa, e isto é sagrado. Os pensamentos de Pe. Vítor mostram o quanto ele trabalhava e estava preocupado com a dimensão social. Por isso, em seu apostolado, ajudava na formação da consciência do povo. Aliás, o trabalho religioso bem-feito é, por si só, trabalho social. Pregações que não vão ao encontro das necessidades humanas não refletem a verdade do Evangelho, nem se espelham nas atitudes de Jesus. Vida, fatos da vida, realidade humana e Evangelho devem estar continuamente entrelaçados. Não dá para separar a vida da fé. *"Nós precisamos de uma nação em que haja propriedade, mas também haja governo que regulamente o direito de propriedade, dentro das normas do bem comum."*

VAMOS REZAR:

— Senhor Deus, vós nos criastes para o bem e para a paz,
— para a justiça e a solidariedade!

— Vós não aprovais maior benefício para uns,
— **e a falta de dignidade e de respeito ao direito de viver para outros!**
— Abri-nos para vossa verdade, que nos dá liberdade
— **e alegria de viver e de lutar pela justiça!**
— Despertai-nos para a vida de amor e de respeito aos irmãos,
— **que em cada mesa não falte o pão da dignidade de vossos filhos!**
— Que homem e mulher tenham direito e acesso à cultura e à saúde,
— **e não haja uns mais privilegiados que outros!**
— Faremos, Senhor, o esforço necessário,
— **para que a vida seja amada e respeitada, e se afastem do meio da humanidade a ganância, a injustiça e o egoísmo! Amém!**

OREMOS: Senhor, não queremos fazer parte do mundo dos privilegiados. Queremos sim que os privilegiados desçam de seus tronos e se voltem para os miseráveis, porque lhes negaram o direito de viver. Por isso, Senhor, pela vossa graça, não deixeis nosso coração adormecer na omissão. Que unidos trabalhemos para que nossos irmãos e irmãs vivam na concórdia fraterna, e todos partilhem o bem comum. Por Cristo, nosso Senhor. Amém.

13. A LEI QUE REGE O PAÍS!

"Narram todos vossas obras poderosas, e de vossa imensidade todos falam. Eles recordam vosso amor tão grandioso e exaltam, ó Senhor, vossa justiça" (Sl 144).

A Constituição é a carta magna da nação. Nela estão as leis que regem o país, que encaminha o direito de cidadania, os direitos e os deveres de todos. Ela existe para que o exercício da liberdade seja respeitado. A Constituição organiza-nos como povo e como nação.

Um ano antes de sua morte, Pe. Vítor, às vésperas da festa de Nossa Senhora Aparecida, exatamente no dia 11 de outubro de 1986, falou na Rádio Aparecida de um tema extremamente pertinente, naquela ocasião e também em nossos dias.

"Estamos na novena de Nossa Senhora Aparecida. O tema é promoção e defesa dos direitos dos mais abandonados: dos doentes, dos aflitos, dos sofredores. Nossas leis deverão olhar muito para as misérias humanas e remediar essas misérias; o prêmio será a liberdade."

Começa a discorrer sobre um tema de grande importância cristã e humana. Volta sua palavra em defesa dos mais abandonados, como queria Santo Afonso de Ligório. Seus ouvintes, sob sua orientação, certamente tiveram a consciência firmada neste direito de cidadania: o direito ao bem comum. Sua palavra era palavra da Igreja que se voltava para os pobres.

"O governo pode fazer muito, por exemplo, em relação à fome. Isso não quer dizer que o governo deva ter armazéns cheios de arroz, feijão e gêneros para repartir. Não é assim! O governo deve ajudar o povo a vencer a fome. O governo deve ter organizações, zelar pelas leis, dar proteção, assistência. (...) As leis brasileiras devem olhar esse cooperativismo, para que os que têm fome, para que os que têm sede, para

que os que estão sem roupa, para que os que não têm hospital, para que os que não têm recursos possam melhorar."

Quem tem mesa farta não pode esquivar-se de pensar, de ajudar, de agir em favor dos menos favorecidos. Quem tem fé não pode permitir que seu irmão passe fome, não tenha saúde, escola, trabalho. A fé é comprometimento com Deus, que se reflete no amor ao irmão, quando se procura aliviar suas amarguras e misérias. Ter fé é ter atitudes que favoreçam a vida. A miséria não é favorecimento de nada e de ninguém. A miséria é sinal de má administração ou de ganância. É usurpação do direito do outro.

Pe. Vítor em sua alocução está mexendo verdadeiramente na consciência de quem pode e nada faz em favor do menos provido. Ele ainda esclarece sobre o direito que o miserável tem a uma vida digna. Ele não vai deixar de falar sobre o juízo de Deus sobre o mundo, que encontramos no Evangelho de Mateus, no capítulo 25.

"Agora, na Constituinte, queremos homens que verdadeiramente não pensem só nos ricos, nas empresas, nas fortunas, nas aventuras, nos sonhos de fada, não! Nós queremos homens que olhem para o

povo, como ele é, que olhem o povo necessitado. Como nós pedimos a Nossa Senhora: 'estes vossos olhos misericordiosos a nós volvei'!"

A Constituição Brasileira, promulgada em 1988, estava em elaboração com as discussões que acompanham tal processo. Pe. Vítor falava sobre o cerne da Constituição: olhar para os menos favorecidos. Sua alocução é bastante longa, e sabemos que sua palavra era ouvida no Brasil inteiro.

"As nossas leis devem criar critérios seguros, para defesa do cidadão necessitado, dos mais pobres e da multidão necessitada, dos desprotegidos da sorte. Então, o Brasil não será somente uma nação sincera, justa, mas será também uma nação misericordiosa. 'Tudo que fizeste a um desses irmãos brasileiros, dirá o Cristo, no fim do mundo, foi a mim que o fizeste, ó Constituinte, que hás de fazer a nossa lei."

Pe. Vítor foi um homem do povo, presente no meio do povo. Em seu coração, pulsava o desejo de ajudar o povo a compreender seus direitos e deveres. É Evangelho encarnado, presente na história. É teologia que liberta. Nossos tempos estão carentes de líderes autênticos do povo. O pobre, às vezes, está morrendo à nossa porta, mas nossos discursos não se interessam por ele. Pe. Vítor nos dá uma lição do modo de ser verdadeiramente cristão. Se a Lei do país deve estar ao lado dos menos favorecidos, para o cristão isso não deve ser nenhuma novidade, pois outra coisa não nos ensina o Evangelho de Jesus.

VAMOS REZAR:

— Senhor, vós que sois misericórdia infinita,
— **concedei-nos um coração aberto aos irmãos!**
— Derrubai do trono o orgulho do coração humano,
— **que não vê a necessidade dos miseráveis espoliados pelo egoísmo!**
— Senhor, que em nossa pátria, que nos destes por amor,
— **reinem soberanas a justiça e a liberdade!**
— Fortalecei nossa cidadania para que sejamos irmãos verdadeiros,
— **e todos possam viver com dignidade e na paz!**
— Queremos e lutaremos para que sejamos uma pátria de irmãos,
— **por isso assumimos nossa responsabilidade cristã!**
— Senhor, que desabroche como a tenra flor do jardim,

— nosso desejo de ver um dia homens e mulheres felizes, numa pátria onde da criança ao idoso todos se deem as mãos! Amém!

OREMOS: Senhor, vós nos destes a responsabilidade da justiça e do amor, ao nos criar como vossos filhos e filhas. Vosso Espírito Santo infunda em nós a força de vossa misericórdia, para que nossos olhos estejam abertos para ver onde há um irmão sofrendo. Jamais esfrie em nós a sincera e divina relação de irmãos e nossas mãos estejam sempre prontas para socorrer e também pedir socorro. Já que nada escapa de vosso olhar, guardai-nos como a pupila de vossos olhos. Por Cristo, nosso Senhor. Amém.

14. VALORIZAR O TEMPO!

"Já passaram as lutas do dia, e o trabalho por vós contratado; dai aos bons operários da vinha dons de glória no Reino esperado."

O tempo é dom de Deus para nós, e a alegria de viver não pode ficar esquecida. Há sempre muito que fazer, mas Deus tem direito sobre nosso tempo, pois foi Ele mesmo quem o deu para nós.

Pe. Vítor lembrava a importância do tempo que o Senhor nos concede como dom de seu amor e de sua bondade. Referindo-se a uma senhora que pertencia ao Clube dos Sócios da Rádio Aparecida e que completava cem anos de vida, entre tantas coisas bonitas, disse:

"Eu já vivi 80 anos. Hoje completa 100 anos Dona Laurentina e quantos zeros, zeros, zeros. A boa ação que a gente pratica são os números que fazem os zeros ficar valendo muito, muito. Santa Teresinha, em 24 anos, viveu mais de 88. Oxalá eu, em 88 anos, tivesse vivido as boas obras e a consagração que Santa Teresinha viveu em 24 anos! A Bíblia diz, e a Igreja nos explicando a Bíblia diz: 'Enquanto temos tempo, façamos o bem', porque só no tempo podemos merecer; depois da morte acabou-se o tempo. Então, a Bíblia diz: Não haverá mais tempo!"

Compreender nossa vida como dom é passá-la fazendo o bem, como fez Jesus. Não podemos deixar para amanhã o que podemos realizar hoje. Há coisas que precisam esperar; como dizemos: *Dar tempo ao tempo!* A agitação de nossos dias acaba atropelando a nós mesmos. Quantas vezes já reclamamos porque o ônibus não passa, o médico não chega, e demorou em sermos atendidos? A pressa atropela, e não deixa pensar no outro, somente em nós mesmos.

A vida assumida como dom dá lugar para o outro, e jamais se subtrai à pratica do bem. A vida vivida no tempo que Deus nos reserva é para ser partilhada. Assim fez o próprio Jesus: *"Eu vim para que todos tenham vida, e vida em abundância"*

(Jo 10,10). A vida é para ser repartida. É dom a ser colocado a serviço dos irmãos, a exemplo de Jesus (Jo 12,25).

Pe. Vítor tinha grande amor pelo Clube dos Sócios. Descobriu esse caminho que unia afeto e compromisso com a Rádio Aparecida. Motivava as pessoas-ouvintes para o compromisso evangelizador. Em sua reflexão sobre o tempo diz:

"Tudo passa na vida, tudo passa, acaba mesmo, e quando chega a última hora, sobra só o amor... Todos os dias às 15 horas, nós nos reunimos para a consagração. Valorizar o tempo é ninguém viver em pecado mortal, ninguém escrevendo só zero, zero, zero, sem número, mas todos os sócios procurando rezar todos os dias às 15 horas quando se reúnem... Nós somos do céu. Quando às 15 horas todo mundo se reúne, é para celebrar: eu sou do céu, eu não sou deste mundo! Tudo passa e daqui a 100 anos tudo será zero, se você não tiver Deus... Enquanto temos tempo, façamos o bem."

Essas reflexões fazem-nos pensar no sentido de nossa vida. É sempre tempo e hora de praticar o bem, em qualquer lugar. Nós humanos gostamos de medir as coisas, calcular, controlar, planejar! Mas nem sempre temos tempo. Se em

Deus houvesse tempo, a eternidade não existiria. Como nele não há tempo, então tudo é eternidade. Que tal olharmos mais para Deus? Quanto tempo é o seu tempo para Deus?

VAMOS REZAR:

— Senhor Deus, vós infundistes em nós
— **o dom da vida, dom de amor, dom da existência!**
— Vós esperais e desejais
— **que aproveitemos o tempo na prática do bem!**
— Dai-nos olhos para ver vossa presença,
— **na vida de nossos irmãos e irmãs, nos acontecimentos da história!**
— Arrancai de nosso coração toda amargura e rancor,
— **para que sejamos felizes vivendo em vossa graça!**
— Inspirai nossas atitudes para que sejam pacienciosas,
— **e assim demos sempre lugar para o amor!**
— Obrigado, Senhor, pelo tempo que nos destes,
— **nele procuraremos louvar-vos com toda a força de nossa alma! Amém!**

OREMOS: Senhor, com o coração agradecido pelos incontáveis benefícios que nos dais todos os dias, nós vos louvamos e bendizemos. Sois a infinita bondade, que nos ampara em nossas dificuldades. Sentimos vossa presença misericordiosa que nos alenta em nosso viver. Agradecemos-vos, Senhor, porque nos chamais à existência. Queremos fazer dela um sinal de vosso amor. Por Cristo, nosso Senhor. Amém.

15. SANTIFICAR-SE NO TEMPO!

"Sede uma rocha protetora para mim, um abrigo bem seguro que me salve! Sim, sois vós a minha rocha e fortaleza" (Sl 30).

A ideia do tempo é interessante para nós. Precisamos tomar consciência de sua importância. Nele, Deus vai agindo em nós e a graça divina vai levando-nos pelo caminho de nossa santificação.

"Quem faz tudo por amor, fica, porque as coisas passam, mas Jesus que está na vida de quem ama não passa. Ele é Deus, Ele é ressurreição, Ele é vida.

Quem ama Jesus, ressuscita, isto é, atravessa tudo o que é morte. Se quiserem fazer o bem hoje, por amor, então rezem muito a Deus."

No mundo de preocupações em que vivemos em nossos dias, com tantos afazeres, é comum ouvir: "*não tenho tempo*". É preciso administrar o tempo que Deus nos dá. Ele será sempre a hora de Deus para a pessoa.

"*A criatura recebe de Deus o tempo, e o homem é colocado no mundo na medida do bater das horas, do bater do coração. O tempo é dado por algum tempo. É o tempo de aceitar Deus, de crer, de amar, de realizar a imagem de Deus, porque tudo foi criado para o homem.*"

Há uma responsabilidade de nossa parte para com as coisas de Deus. Ele nos colocou em condição de nos desenvolver dignamente e assim nos santificar. O tempo é a oportunidade que Ele nos dá. Aproveitá-lo para nos desenvolver como verdadeiras criaturas é nosso dever. Quando temos consciência de o termos vivido bem, a paz tem seu lugar em nós. Pe. Vítor, no ano de sua morte, fez belas comparações com as quais demonstra uma consciência madura do tempo de Deus.

"O Eterno fez-se homem para divinizar e eternizar o mundo, para que o homem se torne Deus, de certo modo. Deus fez-se homem para que todos os homens se unam a Cristo e, unidos a Cristo, saiam do tempo e penetrem na eternidade, na transcendência, para existirem eternamente. E o anjo de Deus então dirá: 'Não há mais tempo'. Como um regatozinho que deságua no oceano, o tempo terminou, o grandioso tempo."

Sua morte chegou no dia 21 de julho de 1987. Suas palavras parecem concorrer para o momento decisivo de sua vida. Tem consciência dos limites da vida humana, sabe compreender o que se passa agora e o que virá depois. É de uma beleza poética, mas impregnada de consciência da vulnerabilidade desta vida, quando diz: *"como um regatozinho que deságua no oceano"*. Evidentemente que o oceano a que se refere é a eternidade com Deus. As pessoas maduras não hesitam em assumir sua história, nem têm medo de manifestar a precariedade do agora.

A eternidade penetra nossa existência. A atitude de fé faz-nos compreender que a eternidade começa já aqui na terra, pela presença amorosa de Cristo. A eternidade não é um depois, mas um já, um agora. Os santos verdadeiros sempre souberam olhar para o céu sem deixar de olhar para a terra. Elevaram suas almas ao Criador e souberam ver nos fatos e acontecimentos de suas vidas a mão divina a conduzi-los. Pe. Vítor soube olhar com os "olhos da eternidade" a fragilidade de nosso agora. Há sempre o que aprender com esses homens e mulheres que souberam viver com dignidade. Em nossos dias, as pessoas que acreditam somente no que veem e podem experimentar têm muito a aprender com aqueles que souberam olhar para além de si mesmos. É bom pensar no tempo que nos santifica. Não se enche de espanto quem se abre à eternidade, porque compreende que o aqui e o agora são um nada diante do tudo. Nossa existência é um riacho diante do oceano.

VAMOS REZAR:

— Ó infinita sabedoria,
— que nos plenificais com vosso amor,
— não deixeis que a monotonia desta vida
— nos faça perecer!
— Dilatai nossos sentimentos,
— para que eles não sejam mesquinhos,
— nem se voltem unicamente
— para as coisas que passam!

— Ajudai-nos a compreender
— vossa presença no meio de nós;
— a contemplar as estrelas do céu e a vida dos homens e mulheres,
— para que vivamos na comunhão de fé, de esperança e de amor, pois nos fizestes para a paz! Amém!

OREMOS: Senhor, quão triste é quem se volta unicamente para si e não percebe nada mais além de si mesmo. Abri nossos olhos e nosso coração para a grandeza da vida, a singeleza da flor e a beleza do entardecer, quando teremos a paz por ter cumprido nossa missão. Dai-nos a graça de viver em vós e alcançar a eternidade e nossa santificação. Por Cristo, nosso Senhor. Amém.

16. MORRE COM DEUS QUEM COM ELE VIVEU!

"*Deixai, agora, vosso servo ir em paz, conforme prometestes, ó Senhor, pois meus olhos viram vossa salvação que preparastes ante a face das nações*" (Lc 2,20-30).

A morte foi sempre um mistério para o ser humano. Desde sua existência primeira na face da terra, o homem e a mulher experimentam esse limite e questionam o porquê da presença da morte.

Não é a razão que vai explicar o sentido de nossa existência. Só a fé pode explicar esse caminho pelo qual temos de passar. Viver sem fé é o grande tormento que se pode ter, por isso não vale a pena viver sem ela. A fé nasce da Palavra de Deus. Ela é a resposta maior que temos para nossas interrogações.

"No Jardim das Oliveiras, quando assumiu em sua alma as angústias da última agonia, foi então que ele rezou: 'Minha alma está triste até a morte'. Naquela quinta-feira santa, quando ele se sentiu diante da morte, da grandeza dessa última batalha, disse aos companheiros: 'Permanecei aqui, vigiai, rezai'. Indo um pouco adiante, caiu por terra e orava dizendo: 'Pai, a quem tudo é possível, afasta de mim tão grande sofrimento, esse cálice terrível da morte, porém não aconteça o que eu quero, mas o que tu queres."

O viático – que é a comunhão para aqueles que correm risco de vida, que é o alimento para a grande viagem – é a certeza da misericórdia de Deus para conosco. Nossa luta de vida neste mundo terá outro sabor se tivermos fé. Pela fé temos a certeza da bondade de Deus para conosco. O viático – alimento da última viagem – é a presença do próprio Jesus junto de nós. *"Agora atuou a salvação, entraram em vigor o poder e a realeza do nosso Deus, a autoridade de Cristo"* (Ap 12,10). Em sua reflexão sobre a morte, Pe. Vítor nos traz belos pensamentos.

"Assim, Jesus assumiu nossa agonia, e naquelas três horas pregado na cruz, ele orou pelo mundo, por nós, para nos ajudar na última agonia. É como se ele me dissesse, na cruz: 'Estou pensando em ti, na tua agonia. Eu derramo o meu sangue por ti, meu filho'. Pelo viático é Ele, na última comunhão, que vem em pessoa a mim para ficar em mim e eu nele, na grande luta com o tentador, na última batalha da existência."

É certo que a existência humana, em Cristo, mergulhará na eternidade de Deus. Vimos de Deus, somos frutos de seu amor, frutos de sua misericórdia. Por isso a existência é bela. Mesmo na realidade da morte que nos toma, nada poderá nos afligir. O amor nos sustenta e nossa segurança plena está somente em Deus.

"Ora, Cristo atravessou a morte, ressuscitou, atravessou o infinito, colocou nos céus o seu corpo, na transcendência divina. Cada comunhão ao longo de nossa vida coloca em nós cristãos a semente da imortalidade, porque Jesus disse: 'quem come a minha carne e bebe o meu sangue tem a vida eterna'. Eis porque, na hora de morrer, todas as comunhões bem-feitas produzem seu último fruto, o grande fruto na passagem para a vida eterna, a última grande comunhão".

Com esse pensamento tão profundo da vida vivida em comunhão, Pe. Vítor termina sua reflexão sobre o morrer com Deus. Nosso mundo marcado excessivamente pela busca do prazer, do bem-estar pelo bem-estar, das comodidades mesmo à custa da dor dos outros, não compreende a verdade da fé vivida, que dá seus frutos na hora decisiva. A hora da morte é a hora decisiva da comunhão eterna com Deus. Se alguém escolher outro caminho, Deus respeitará sua liberdade.

Interrogamo-nos sobre a morte, mas não temos as mesmas preocupações e interrogações com a prática do amor, da justiça, da solidariedade, da vida de comunhão. Não doamos nossa vida e assim não fazemos a experiência da comunhão. Morre com Deus quem com Ele viveu, pois já experimentou seu amor eterno aqui na terra.

VAMOS REZAR:

— Ó morte, onde está tua vitória?
— Em lugar algum, pois o Cristo a venceu eternamente!
— Ninguém pode desanimar diante dessa realidade humana,
— pois o amor é sempre maior que nossa dor!

— Senhor, confortai-nos na hora decisiva
— e não nos deixeis sucumbir em nossa fragilidade.
— O Senhor sempre consola quem nele confia
— e dá seu alento por sua misericórdia!
— Farei todo esforço necessário,
— para cumprir o que Cristo já nos ensinou.
— Contemplando seu amor e sua presença divina, não terei medo algum,
— mesmo que tal momento seja difícil, no Senhor esperarei, pois nele coloquei minha confiança para sempre. Amém!

OREMOS: Senhor Deus, vós nos destes vosso Filho Jesus, que assumiu toda a nossa condição humana, até mesmo a morte. Ele é nossa consolação nas horas difíceis, nas horas exigentes. Fazei, Senhor, que, chegado o momento decisivo em nossa vida, saibamos vivê-lo sem angústia, pois sabemos que vossa presença é certa, junto daqueles que vos buscam com sinceridade de coração. Por Cristo, nosso Senhor. Amém.

17. NOSSA SENHORA, TERNURA DIVINA!

"Foi em Cristo que Deus Pai nos escolheu, já bem antes de o mundo ser criado, para que fôssemos, perante a sua face, sem mácula e santos pelo amor" (Ef 1,4).

É impossível falar de Pe. Vítor, de suas palavras, história e vida, sem falar de Nossa Senhora, a quem tanto amou. Lembramos suas palavras ao refletir sobre a Assunção de Nossa Senhora ao céu:

"Nós seremos imaculados no futuro. Ela foi sempre. Nunca foi manchada, nunca em Nossa Senhora entrou o não, o não do pecado. Ela, por privilégio de Deus, foi sempre bendita, preservada para sempre ser sim, sim, como Jesus. Nossa Senhora nunca foi manchada, por isso não estava sujeita à morte."

O amor a Nossa Senhora é evidente em suas palavras, pregações, missões e em inúmeras peregrinações realizadas por ele com a imagem de Nossa Senhora Aparecida. Às vésperas da festa de Nossa Senhora Aparecida diz:

"Queridos brasileiros, que querem homenagear a Padroeira de nossa pátria, Senhora Aparecida, Maria, a Virgem de Jerusalém, leiga de Deus, esposa desposada com Cristo, na expressão de São Paulo. Cada cristão tem de ser uma alma santificada pela Redenção, pelo Sangue de Cristo, para se tornar intimamente santo, possuído do Divino Espírito. Todo cristão deve ser assim santificado pelo batismo, unido a Cristo pela Eucaristia."

Com a santidade de Maria ensina os cristãos a se santificar, a aprender o jeito de Maria. É interessante notar quando chama Nossa Senhora de *leiga de Deus*. De fato, insistimos tanto em lembrar nosso compromisso batismal que nos insere na mesma missão de Cristo que, às vezes, nem percebemos que Maria era uma *leiga de Deus*. Hoje a Igreja insiste que os cristãos assumam sua missão. Amar Nossa Senhora é assumir a missão que recebemos no batismo, e isso é ter a mesma atitude de Maria.

"Nossa Senhora representa de modo vivo o cristão que aceitou, como nós aceitamos a Jesus. Ela nos representa nessa aceitação, e ela nos ajuda. Por Maria nós vamos a Jesus. Ela é modelo perfeito de cristão que aceita Deus. Ela acompanhou o Redentor em todos os passos, merecendo também para nós a graça. Jesus mereceu de modo perfeito, contínuo. Jesus não precisava dela, mas convinha que ela também, a segunda Eva, o acompanhasse em todos os passos da Redenção, como Mãe da Divina Graça, para colorir, com um colorido materno, o merecimento infinito de Jesus... Por Maria nós entramos todos para Jesus, nós que somos filhos da Vida Eterna."

Anunciava com ardor a presença de Maria junto de Jesus e compreendia que nela tudo se referia a Cristo. O Santuário é mariano, mas o anúncio que nele se faz é o de Cristo Redentor. Não há como falar de Maria sem falar de Jesus, nem falar de Jesus sem falar de Maria. *"Não há filho sem mãe, nem mãe sem filho."*

"A cor preta de Nossa Senhora lembra o Libertador que preserva sua Mãe, fazendo-a virgem e pura. A imagem de Aparecida, de mãozinhas postas, lembra-nos de que Nossa Senhora tudo alcança por ser a Esposa e Mãe. Em nome de Jesus ela intercede por nós. A imagem de Aparecida, em que Nossa Senhora está pisando a lua do pecado, do reino do mal, lem-

bra que é companheira de Jesus no seu triunfo, tanto na sua morte, como na sua Ressurreição. A imagem de Aparecida, representando a mulher vestida de sol, pisando a lua do pecado, coroada Rainha, Virgem, Esposa e Mãe, Nossa Senhora, Mãe da Divina Graça, diz-nos que por ela Jesus veio ao mundo dos homens, e com ela e por ela entramos para Jesus."

Belas palavras que nos fazem imergir no grande mistério do chamado de Maria. Ela é imaculada, e nela está a perfeita imagem de nossa vocação de cristãos. Também somos chamados a sermos imaculados! É incontestável que amar Maria é amar o próprio Cristo.

"Por Maria nós nos unimos a Jesus. Por isso, na imagem de Aparecida, nós celebramos a nossa grande unidade, a nossa festa de união, não somente nacional, mas de união eterna."

REZANDO COM MARIA

Como Nossa Senhora nos aponta o céu, assim como os ponteiros do relógio meio-dia apontam o infinito, rezamos o cântico bonito que Pe. Vítor fez em homenagem à Senhora Aparecida, chamado **Salve em vossa imagem**.

Salve em vossa imagem,
Ó grande rainha,
Mãe do Redentor, Mãe de Deus e minha.

Salve Maria! Nossa Senhora Aparecida! Salve!

Mãe Aparecida, tens do escravo a cor,
para nos lembrar do Libertador.

Mãe Aparecida, salva a nossa terra,
e no manto azul, meu Brasil encerra.

Em Deus e na fé, viva a pátria unida,
em Cristo e Maria, Mãe Aparecida!

CONSAGRAÇÃO A NOSSA SENHORA APARECIDA

Rezamos também a Consagração a Nossa Senhora Aparecida que Pe. Vítor rezou durante 31 anos.

Ó Maria Santíssima, que em vossa querida Imagem de Aparecida espalhais inúmeros benefícios sobre todo o Brasil, eu, embora indigno de pertencer ao número de vossos filhos e filhas, mas cheio do desejo de participar dos benefícios de vossa misericórdia, prostrado a vossos pés, consagro-vos meu entendimento, para que sempre pense no amor que mereceis. Consagro-vos minha língua, para que sempre vos louve e propague vossa devoção. Consagro-vos meu coração, para que, depois de Deus, vos ame sobre todas as coisas. Recebei-me, ó Rainha incomparável, no ditoso número de vossos filhos e filhas. Acolhei-me debaixo de vossa proteção. Socorrei-me em todas as minhas necessidades espirituais e temporais e, sobretudo, na hora de minha morte. Abençoai-me, ó Mãe Celestial, e com vossa poderosa intercessão fortalecei-me em minha fraqueza, a fim de que, servindo-vos fielmente nesta vida, possa louvar-vos, amar-vos e dar-vos graças no céu, por toda a eternidade. Assim seja!

ALGUNS DESTAQUES
DA OBRA DE PE. VÍTOR

1. QUEM AJUDA A PREGAÇÃO, TEM MERECIMENTOS DE PREGADOR!

Deus é comunicação e relação. Deus é amor, só amor. Sua Palavra foi manifestada a nós, por meio dos santos que Ele escolheu. São os autores da Bíblia. Homens e mulheres inspirados por Deus compreenderam que na história humana estava presente a história da salvação. Como se eles perguntassem: *"Como isto está acontecendo? Tem alguém que está colocando a mão nesta história em que vivemos!"*. Deus não se esquivou de manifestar sua divindade em nossa humanidade. Tudo isto é obra do Espírito Santo.

Esse mesmo Espírito Divino fecundou o seio bendito de Maria, e o Filho de Deus veio nascer e morar entre nós. É o mesmo Espírito que atuou no coração e na vida dos profetas – e Deus falou por meio deles –, que sustenta nossa missão hoje. No batismo recebemos esse mesmo Espírito Divino. Deste modo, recebemos a adoção filial, mas também assumimos na fé a mesma missão de Jesus.

Qual é nossa resposta ao Deus que nos chama e nos ama? É nossa fé. A fé não é um sentimento, um estado emocional, a fé é crer numa pessoa, e ela se chama Jesus Cristo. Para acolher a verdade de Cristo, é preciso acolher sua Palavra, o Evangelho. *A fé vem da pregação, e a pregação pela palavra de Cristo,* lembra-nos São Paulo, apóstolo (Rm 10,17). Portanto, há uma ligação muito íntima entre a Palavra de Deus e a fé. Impossível mesmo separá-las. A vida e a fé, a fé e a vida estão enfronhadas na mesma verdade. Cristo continua presente em nossa história, mesmo que ela esteja marcada por banalidades, fragilidades, incoerências.

A fé que depositamos em Cristo é pessoal, mas não somente, pois ela é também eclesial, ou seja, eu creio com toda a Igreja. Igreja com "I" maiúsculo é a Igreja sacramento do Reino de Deus, e não a capela ou igreja construção de nosso bairro ou cidade. Viver a fé com a Igreja é tornar-se anunciador da Boa-Nova de Jesus.

Há os que têm o ministério específico da pregação e o devem exercer com todo o esmero, com toda a dedicação, com refinamento até. Nela vou anunciar algo muito grande: o mistério da Palavra do Senhor. Nela, o povo deve ser respeitado e deve ouvir coisas que o edificam. Longe de nós a banalidade ou certos argumentos que chamam a atenção sobre o *pregador* e não sobre a *pregação*. Pelo batismo temos, por dever, de ter uma familiaridade com o texto da Sagrada Escritura, principalmente o Evangelho, para que ele seja transmitido com ardor missionário, com amor apaixonado pela presença misteriosa do Senhor junto de seu povo.

Pe. Vítor, ao fundar o Clube dos Sócios da Rádio Aparecida, estendia, pois, sua missão de pregador do Evangelho que foi. Despertava no coração do ouvinte o interesse pela Palavra do Senhor. Não era um modo de angariar fundos para sustentação da Rádio, mas um despertar para a vida batismal, para a vida de discípulo de Jesus. Sua máxima: "*Quem ajuda a pregação, tem merecimentos de pregador*", faz saltar a nossos olhos o compromisso com o Reino de Deus. Quando se ouve essa máxima, o que nos vem à cabeça? Os racionalistas têm suas respostas teóricas, mas para toda pessoa de fé diz e muito: *A pregação do Evangelho é meu dever de cristão!*

Desde sua fundação em 1955 pelo Pe. Vítor – a Rádio Aparecida foi fundada em 1951 –, o *Clube dos Sócios* continua a ser o elo profundo de ligação dos ouvintes com Nossa Senhora Aparecida e com a pregação do Evangelho. O sócio não só é o ouvinte, como também estimula outros a ouvirem sua mensagem. No ano 2000 os associados passavam de 230.000, conforme o historiador redentorista Pe. Gilberto Paiva. Se o Clube dos Sócios existe há mais de meio século, é porque aí estão as mãos de Deus e de Nossa Senhora. Nada dura tanto tempo, se não vier de Deus.

Mas a principal ligação do associado com a Rádio Aparecida deve ser mesmo a tarefa da pregação. Ele empresta sua força, seu empenho, sua dedicação para que o Evangelho seja proclamado – e quanto se deve anunciá-lo em nossos dias! Mesmo que neste tempo de sua existência o *Clube dos Sócios* tenha mudado seu jeito, seu anúncio continua com o mesmo caráter. O *Clube dos Sócios* forma um *corpo missionário*. É fonte de união, de alegria e de trabalho missionário. Ninguém é profeta sozinho. Prova para nós que a inspiração do Pe. Vítor não foi por acaso nem fruto de uma vaidade pessoal. Ele nasceu de seu coração que amava a Deus e a Nossa Senhora. Por isso, não há como reprovar o lema que ele criou: *Quem ajuda a pregação tem merecimentos de pregador!*

2. CONSAGRAÇÃO A NOSSA SENHORA

"Vamos fazer a Consagração a ela, a Maria Santíssima, que foi a fonte da Vida Divina que veio ao mundo. Por Maria, o Verbo Divino entrou no mundo. Vamos consagrar-nos a Nossa Senhora. Quem se consagra à Virgem e aos Santos, está se consagrando a Jesus, porque Nossa Senhora e os Santos são apenas participação desta vida infinita que brotou na eternidade."

A história da Consagração a Nossa Senhora Aparecida é bonita e já tem mais de meio século. Iniciou-se no dia 31 de maio de 1955, com o missionário redentorista Pe. Laurindo Hauber, que trabalhava na Rádio Aparecida. Ele abriu um *"Livro de Ouro"*; os ouvintes que escrevessem, pois nessa época a telefonia era mais difícil, teriam seus nomes inscritos nesse "*Livro de Ouro*" e seriam consagrados a Nossa Senhora, às 15h, nas terças, quintas-feiras e sábados.

Assim fez e rezava a oração da Consagração de um pequeno livro chamado "*Manual dos Devotos*", o primeiro livro editado pela Editora Santuário, em 1904, e que continua a ser impresso até hoje. Essa iniciativa alcançou sucesso. Pe. Laurindo, não conseguindo mais registrar tanta concorrência, passou a consagrar a Deus, por meio de Nossa Senhora, todos os ouvintes da Rádio Aparecida. Desde esse momento até hoje a fórmula da Consagração é a mesma.

Com a transferência de Pe. Laurindo Hauber para outro trabalho missionário, em 1956, Pe. Vítor Coelho e Pe. Rubem Leme Galvão continuaram a Consagração, revezando-se nos dias da semana. Depois ficou somente o Pe. Vítor, que a fez durante 31 anos, até o dia 20 de julho de 1987, véspera de sua morte.

A partir daí o sucederam outros missionários redentoristas: Pe. Alberto Pasquoto, Pe. Agostinho Frasson, Pe. Afonso Paschote, Pe. Antônio Queiroz. Após a morte de Pe. Vítor, Pe. Antônio César Moreira, diretor da Rádio Aparecida, determinou que a Consagração fosse feita também aos domingos.

Deus já nos consagrou com seu amor infinito dando-nos a vida, e ainda mais quando recebemos nosso batismo. Por isso, quando nos consagramos a Nossa Senhora, estamos renovando essa consagração que Deus realizou em nós, chamando-nos à vida e fazendo-nos verdadeiramente seus filhos e filhas pelo batismo. Consagrar-se todos os dias a Nossa Senhora é viver intensamente essa vocação filial de amor e de vida ao Deus da vida. Colocamos nossa vida nas mãos de Maria, para que ela nos apresente ao Pai. E quem ama faz isso todos os dias.

Pe. Vítor fazia todos os dias a Consagração a Nossa Senhora com muito amor. Não há dúvida de que o povo aprendeu a amar Nossa Senhora por causa de sua perseverança nesse trabalho missionário. Aquele momento da Consagração era um momento privilegiado de catequese, de orientação do povo, que Pe. Vítor soube fazer tão bem. Ela continua presente no coração do povo, pois o que é de Deus não morre jamais.

3. "OS PONTEIROS APONTAM PARA O INFINITO"

Os santos sempre nos surpreendem. Eles têm atitudes que nos deixam quase atônitos. Por isso nos perguntamos: *Como puderam fazer isso?*

Entre as inúmeras atitudes de Pe. Vítor, podemos destacar sua atuação no programa "Os Ponteiros Apontam para o Infinito". Criado em 1951, esse programa ganhou notoriedade na voz de Pe. Vítor, que todos os dias, ao meio-dia, fazia ressoar no Brasil inteiro os louvores a Maria, com uma catequese bíblica e mariana dirigida a todo o povo de Deus.

Ao ouvirmos o nome desse programa radiofônico, *"Os Ponteiros Apontam para o Infinito"*, nosso coração se eleva aos céus e nos faz pensar nas coisas da eternidade. Isto, unido à pessoa e ao carisma do Pe. Vítor, prendia a atenção das pessoas nessa hora do meio-dia.

Nesta hora, ele ia discorrendo sobre as coisas de Deus e sobre o ensinamento da Igreja. Desenvolvia uma catequese básica e necessária e o estudo da doutrina social da Igreja, fundamentais para a formação cristã do povo de Deus.

"Caríssimos, os ponteiros apontam para o infinito! Boas festas, felicidades, abraços, bênçãos a todos. Hoje o Papa quer que pensemos seriamente na paz. Ele nos lembra que os direitos do homem, solenemente proclamados pela Humanidade, são a base da paz. Assim, se não observarmos os direitos do homem, não haverá paz no mundo. Estamos lendo os direitos do homem..."

Sabemos que Pe. Vítor foi reprimido pelo regime militar, quando defende os direitos humanos e o salário justo. Os santos são sempre profetas. Uma Igreja que não é interrogada pelo poder que oprime certamente também não está ao lado dos oprimidos, como fez Jesus.

Até nossos dias o programa continua a ser apresentado na Rádio Aparecida; e outras rádios, em cadeia com a Rádio Aparecida, fizeram o mesmo pelo Brasil afora. Sem dúvida, essa foi a hora de Deus para todo o seu povo. Quantos corações foram abençoados e passaram a viver uma intensa vida cristã, orientados pelas palavras benditas do servo de Deus, que continua presente em nossos dias em seus escritos e alocuções.

Conclusão

As pequenas reflexões aqui impressas, não têm a intenção de fazer uma exaltação personalista do Pe. Vítor, mas de reconhecer a grandeza de seu trabalho e oferecer ajuda na caminhada cristã e missionária, através do testemunho desse Servo de Deus.

Ele enfrentou os desafios de seu tempo. Soube assumir sua história e fazer dela um dom de Deus. Disso todos nós temos o que aprender, isto é, fazer de nossa vida, de nossa história um dom.

Vivemos em outro tempo, tão carregado de progresso tanto técnico como científico. De outra parte, vemos um regresso nas relações humanas, nas quais predominam os jogos de interesse e o desejo de levar vantagem. Já não se pratica a mística do reconhecimento dos valores e dons presentes na vida das pessoas.

Na sociedade em que vivemos, não podemos negar a presença infeliz da injustiça, da opressão. A globalização, que deveria ser um romper das barreiras entre os povos e a universalização da justiça, contribuiu para formar grupos de interesses geopolíticos e econômicos em detrimento do social. Muitas vezes, quando se fala do cuidado, não passa de disfarces para esconder o fechamento das nações ricas às nações pobres.

Ao mesmo tempo, vivemos um pluralismo religioso e cultural. Além disso, temos ainda o ateísmo militante, que não só não crê em Deus, mas quer convencer a todos de sua não existência. Dispensa-se Deus, porque a ciência resolveria tudo.

Diante dessas e de outras realidades em que vivemos, qual será nossa resposta? As reflexões de Pe. Vítor não devem provocar em nós apenas a admiração por um servo de Deus, mas estimular-nos para encontrar o caminho certo de anunciar Jesus Cristo hoje. Ele fez sua história. Cabe a nós fazermos a nossa.

Muitas das atitudes de Pe. Vítor podem, hoje, inspirar as nossas, de acordo com nosso tempo. Certo é que jamais poderemos prescindir da pessoa de Jesus Cristo e de Maria Santíssima. Anunciar a pessoa de Jesus e de Nossa Senhora é força que rompe barreiras, limites e corações humanos empedernidos em seu egoísmo.

ORAÇÃO À SANTÍSSIMA TRINDADE

(Para pedir a beatificação do Servo de Deus Padre Vítor Coelho)

Ó Deus de bondade, que sois glorificado na vida de todos os vossos santos porque, coroando seus méritos, exaltais vossos dons. Pai santo, hoje vos agradeço especialmente porque me destes Padre Vítor como exemplo de confiança na misericórdia de vosso Filho Jesus Cristo e de zelo na pregação de vossa Palavra. Eu vos peço que o glorifiqueis, se for vossa santíssima vontade, para que todos o tenham como seu modelo e intercessor junto de Vós. Por Cristo, nosso Senhor. Amém.

Índice

Apresentação 5

I. Breve Biografia de Pe. Vítor Coelho de Almeida 9

II. Rezando com a Vida do Servo de Deus, Pe. Vítor Coelho 15
1. Vida abençoada! 17
2. Deus tem seus caminhos 22
3. "És sacerdote para sempre!" 27
4. A graça de Deus rompe barreiras! 34
5. A hora da misericórdia! 39
6. Televisão: Um sonho antigo! 44
7. Perseverar no amor! 49
8. Amor e mundo! 54
9. Amor à Sagrada Eucaristia! 59
10. A moral e a vida cristã! 64
11. A dignidade da mulher! 69
12. O bem comum! 75
13. A lei que rege o país! 80
14. Valorizar o tempo! 86

15. Santificar-se no tempo!............................91
16. Morre com Deus, quem com Ele viveu!...96
17. Nossa Senhora, ternura divina! 101
Rezando com Maria 105
Consagração a Nossa Senhora Aparecida....106

III. Alguns Destaques da Obra de Pe. Vítor 107
1. Quem ajuda a pregação, tem merecimentos de pregador 109
2. Consagração a Nossa Senhora 113
3. Os Ponteiros Apontam para o Infinito 116

Conclusão..119

Oração à Santíssima Trindade 125